# DAWNSIE TWMPATH

Argraffiad cyntaf: Mawrth 1987
Argraffiad newydd dwyieithog: Gorffennaf 1991
*New bilingual edition: July 1991*
Argraffiad newydd: 2012
*New edition: 2012*

Rhif Rhyngwladol / *ISBN:* 978 - 0 - 86243 - 242 - 3

Y clawr: Y Lolfa

FSC

Argraffwyd a chyhoeddwyd yng Nghymru
ar bapur o goedwigoedd cynaladwy
*Printed and published in Wales*
*on paper from sustainable forests by*
Y Lolfa Cyf., Talybont, Ceredigion SY24 5HE
*gwefan* www.ylolfa.com
*ebost* ylolfa@ylolfa.com
*ffôn* 01970 832 304
*ffacs* 01970 832 782

# DAWNSIE TWMPATH
# WELSH BARN DANCE

55 o ddawnsiau gwerin cymdeithasol
o ddewis Eddie Jones

*Cyflwynedig i'm merch, Nerys Ann, gyda diolch am ei chymorth.*

**Yr Awdur**

Cyn-Brifathro Ysgol Rhydypennau ger Aberystwyth.
Dawnsiwr, hyfforddwr, darlithydd a beirniad yn ein gwyliau cenedlaethol.
Awdur *Clap a Chân i Dduw* (Y Lolfa 1983).

# RHAGAIR

Dyma gasgliad o dros hanner cant o ddawnsiau
gwerin syml, poblogaidd, ar gyfer ysgolion cynradd
ac uwchradd, clybiau ieuenctid a sefydliadau eraill
sy'n cwrdd i fwynhau cyd-ddawnsio cymdeithasol, a
hynny drwy gyfrwng yr iaith Gymraeg. Ateb yw'r
casgliad i gais a gaf yn aml gan drefnyddion twmpath
ac athrawon ysgol, "Ble mae dod o hyd i ddawnsiau
syml?" Gobeithiaf y bydd y llyfryn hwn yn ffynhonnell
hwylus iddynt. Mae'r dawnsiau yn rhai digon cyfar-
wydd, llawer ohonynt wedi eu cyhoeddi mewn
cylchgronau a llyfrau Saesneg ac Americanaidd, eraill
i'w cael mewn pamffledi a llyfrynnau a gyhoeddwyd
gan Gymdeithas Ddawns Werin Cymru.

Roedd galw mawr am ddawnsiau syml pan oedd
bri ar y Twmpath dawns yn niwedd y pumdegau a
thrwy'r chwedegau. Byddai rhai hyfforddwyr yn
cyfieithu dawnsiau o wledydd eraill. Dyna sut y daeth
y *Belfast Duck* yn "Hwyaid Abergwaun", *Lucky Seven*
yn "Cyfri Saith", a'r *Silly Threesome* yn "Triban".
Cawsom addasiadau derbyniol o ddawnsiau
traddodiadol Cymraeg fel "Clawdd Offa" a "Cofi o
Dre" o waith Gwyn Williams, Bangor, a llawer o
ddawnsiau gwreiddiol fel "Cylch y Cymry" gan Roy
Hurman a'r "Gelynnen" gan Mrs Lois Blake.

Awgrymiadau'n unig yw'r alawon a nodir. Mae
rhagor ohonynt yn llyfrau *Blodau'r Grug*, cyfrolau 1-3.
Gellir hefyd defnyddio'r recordiau 'Clwt y Ddawns' 1-
4. Ceir manylion amdanynt hwy, ac am lyfrau cyfar-
wyddiadau dawnsiau traddodiadol, neu wybodaeth
am grwpiau dawnsio, cyrsiau a gwyliau gan Ysgrifen-
nydd Cymdeithas Ddawns Werin Cymru.

Wrth gyhoeddi'r llyfr hwn manteisiaf ar y cyfle i
ddiolch i'r diweddar Mrs Philyp Jones, Nebo ac i Mrs
Alice E. Williams, am gyflwyno dawnsio gwerin i mi,
ac i Mrs Gwennant Gillespie, Aberystwyth am yr

hyfforddiant trwyadl a gefais. Cydnabyddaf ddylan-
wad mawr Mrs Lois Blake a'r pleser a gefais ar gyr-
siau Cymdeithas Ddawns Werin Cymru ac Urdd
Gobaith Cymru.

Cydnabyddaf yn ddiolchgar ganiatâd a chymorth
parod Cymdeithas Ddawns Werin Cymru i baratoi'r
llyfr hwn. Diolchaf hefyd i Gymdeithas Ddawns Werin
Lloegr am ganiatâd i gynnwys cyfieithiadau o
ddawnsiau a gyhoeddwyd yn Saesneg ganddynt hwy
yn eu *Country Dance Manuals* (*CDM*) a
chyhoeddiadau eraill fel y nodir o dan bob dawns.

**Eddie Jones**

Dryslwyn
Bow Street
Ceredigion

**Byrfoddau:**
CDWC    Cymdeithas Ddawns Werin Cymru
EFDSS   English Folk Dance and Song Society
CDM     Country Dance Manuals

# NODIADAU AR Y FFIGURAU

Mae'r rhan fwyaf o'r alawon a ddefnyddir i'r dawnsiau â dau guriad i'r bar (2 gam gerdded neu sgipio). Lle nad yw hyn yn wir dangosir hyd y symudiad drwy ddweud sawl bar a ddefnyddir i'w ddawnsio.

Mae'r *rhifau* sydd i'r symudiadau fel arfer yn 16 curiad i bob rhif. Felly os oes rhifau 1.2.3.4. i'r ddawns mae'n golygu alaw 4 × 16 curiad.

Os dywed Rhif 1 Seren llaw dde a Seren llaw chwith—golyga hyn gerdded 8 cam gyda'r cloc ac 8 cam gwrth-gloc = 16 curiad = 8 bar.

Os dywed Rhif 2 Breichio de a chwith—golyga hyn gerdded (neu sgipio) 8 cam gyda'r cloc gan gydio braich dde ac 8 cam yn ôl (gwrth-gloc) gan gydio braich chwith = 16 curiad = 8 bar. Os defnyddir cam 123 hop yna hanerir y nifer o gamau.

**ALAWON:** Awgrym yn unig yw'r alaw a nodir uwch bob dawns. Mae digonedd o alawon hyfryd ar gael. Cyhoeddwyd tri llyfr ohonynt gan Gymdeithas Ddawns Werin Cymru sef *Blodau'r Grug*, cyfrolau 1, 2 a 3. Byddai'n fantais i ddefnyddio dwy neu dair alaw ar gyfer pob dawns i dorri ar undonedd y cyfeiliant. Marciwyd yr alawon yn A. B. C. ac yn y blaen er hwylustod i ddehongli'r ffigurau.

**FFURFIAU:** Mae'r ferch sy'n gymar iddo bob amser ar ysgwydd dde'r bachgen pan yn sefyll mewn cylch neu sgwâr. Pan mewn llinellau mae'r bechgyn mewn un rhes a'r merched mewn rhes arall yn eu hwynebu. Y bachgen cyntaf yw'r un sydd â'i ferch ar ei ysgwydd dde pan maent yn wynebu'r gynulleidfa neu ben y rhes.

| | |
|---|---|
| **Breichio:** | Bachgen a merch yn cydio ym mhenelin ei gilydd, fel arfer 8 cam gyda'r cloc tra'n cydio'r fraich dde ac 8 cam gwrth-gloc tra'n cydio'r fraich chwith. Mae mathau eraill o freichio y gellir eu dysgu gyda phrofiad. |
| **Carlamu:** | Cymheiriaid yn cydio dwy law, neu gafael walts, ac yn llithro'r traed at ei gilydd gan symud yn gyflym a heini—4 neu 8 cam yn ôl y cyfarwyddyd. |
| **Cefn-gefn:** | Mae'r ddau gymar yn wynebu'i gilydd ac yn cerdded ymlaen 4 cam, pasio ysgwydd dde—yna'n ôl 4 cam wysg y cefn gan basio ysgwydd chwith, gan wynebu'r un ffordd trwy'r amser. |

**Clapio de a chwith:** Clapio dwylo, taro llaw dde'r cymar gyda'r llaw dde; clapio dwylo a tharo llaw chwith y cymar gyda'r llaw chwith (dweud: clap. de. clap. chwith = 4 curiad = 2 far).

**Clapio Meillionen:** Wynebu cymar—clapio dwylo a tharo llaw dde'r cymar; clapio dwylo a tharo llaw chwith y cymar; clapio dwylo a chroesi'r ddwy fraich ar y frest ac yna taro dwy law y cymar ac un curiad o seibiant. (8 curiad i gyd = 4 bar)

**Cymheiriaid yn cyfarch:** Wynebu cymar—cam i'r dde ar y droed dde, dod â'r droed chwith ati a gyda hop fechan newid pwysau'r corff ar y droed dde (2 guriad) yna cam i'r chwith gyda'r droed chwith, dod â'r droed dde ati a gyda hop fechan newid pwysau'r corff ar y droed chwith (2 guriad). Dweud: cam, dau-tri; cam, dau-tri.

**Dano a throsto:** Cwpl 1af yng ngwaelod y set (= 2.3.4.1) Cwpl 2 a 4 yn wynebu gwaelod y set, Cwpl 1 a 3 yn wynebu'r pen.

1. Cwpl 1 dan y bont gan gwpl 4 (y bont yn symud hefyd) tra cwpl 3 dan y bont gan gwpl 2. (Gorffen = 3.2.1.4. = 4 cam.)
2. Cwpl 1 yn gwneud pont dros gwpl 2 tra cwpl 3 a 4 yn troi ar y ddau ben = 4 cam. (Gorffen 3.1.2.4.)
3. Cwpl 1 dan y bont gan gwpl 3 tra cwpl 4 dan y bont gan gwpl 2 = 4 cam. (Gorffen = 1.3.4.2.)
4. Cwpl 1 a 2 yn troi ar y ddau ben tra cwpl 3 dan y bont gan gwpl 4 = 4 cam. (Gorffen 1.4.3.2.)
5. Cwpl 1 yn gwneud pont dros gwpl 4 tra cwpl 3 yn gwneud pont dros gwpl 2 = 4 cam. (Gorffen 4.1.2.3.)
6. Cwpl 1 dan y bont gan gwpl 2 tra cwpl 3 a 4 yn troi ar y ddau ben = 4 cam. (Gorffen 4.2.1.3.)
7. Cwpl 1 yn gwneud pont dros gwpl 3 tra cwpl 4 yn gwneud pont dros gwpl 2 = 4 cam. (Gorffen 2.4.3.1.)
8. Cwpl 1 a 2 yn troi ar y ddau ben tra cwpl 3 yn gwneud pont dros gwpl 4 = 4 cam. (Gorffen 2.3.4.1 fel y cychwyn!)

Nawr mae pawb yn ôl yn eu lle iawn yn barod i ailgychwyn y ddawns gyda chwpl 2 yn arwain.

Cofier wedi troi ar y gwaelod eir dan y bont, ond wedi troi ar ben yr uned gwneir pont. e.e., Mae cwpl 1 yn—dano-drosto-dano-troi-drosto-dano-

| | |
|---|---|
| | drosto-troi. (8 symudiad × 4 cam yr un = 32 curiad = 16 bar.) |
| **Ffigur wyth:** | Un cwpl yn dawnsio o amgylch cwpl arall sy'n aros yn llonydd. Y ferch yn dawnsio drwy'r canol yna o amgylch y bachgen—yn ôl drwy'r canol ac o amgylch y ferch. Yr un pryd mae'r bachgen yn gwneud yn groes i hyn. Mae'r ddau yn cwrdd â'i gilydd ochr isaf i'r cwpl sy'n llonydd. Fel arfer 16 curiad = 8 bar. |
| **Llanw a Thrai:** | 4 cam cerdded ymlaen a 4 yn ôl wysg y cefn = 4 bar. |
| **Pleth i dri:** | Dyma'r ffigur mwyaf anodd i'w ddysgu. Esgus bod siâp rhif 8 ar y llawr a'r bachgen yn sefyll yn ei ganol yn wynebu'r ferch ar y dde iddo (merch 1). Pasio ysgwydd dde gyda hi (a theithio gyda'r cloc). Mae hi'n dawnsio ymlaen drwy'r canol gan basio ysgwydd chwith gyda'r ferch arall— merch 2—(a theithio gwrth-gloc). Bachgen yn pasio de gyda merch 2 ac yna ysgwydd chwith gyda merch 1. Merch 1 yn pasio ysgwydd dde gyda merch 2 a gorffen yn ei lle. Merch 2 yn pasio ysgwydd chwith gyda'r bachgen a'r ddau'n gorffen yn eu lleoedd. (Teithio gyda'r cloc o amgylch safle merch 1 a theithio gwrth-gloc o amgylch safle merch 2.) Mae'n haws ei wneud na'i egluro—ewch â darn o sialc gyda chi! |
| **Promenâd:** | Bob amser gwrth-gloc, gyda'r bachgen ar ochr fewnol y cylch a'r ferch ar ochr dde'r bachgen. 16 curiad fel arfer. |
| **Seren:** | Dau fachgen a dwy ferch (weithiau 4 bachgen neu 4 merch) yn wynebu'i gilydd ac yn dal llaw dde (cydio 4 llaw yn ei gilydd). Seren llaw dde = 8 cam gyda'r cloc yna newid i law chwith a dawnsio 8 cam yn ôl gwrth-gloc = Seren llaw chwith. |
| **Tro llaw:** | Cydio llaw ei gilydd, de neu chwith yn ôl y cyfarwyddyd. Fel arfer dawnsio 8 cam gyda'r cloc. Cydio llaw chwith a dawnsio 8 cam gwrth-gloc. |
| **Tro dwy law:** | Cydio dwy law y cymar, de i chwith a chwith i dde a dawnsio 8 cam gyda'r cloc. |
| **Troelli:** | (a) Sgipio—Y ferch i groesi ei dwylo gan roi llaw dde i dde, a chwith i chwith ei chymar a'r ddau'n sgipio oddi amgylch mewn cylch cyfyng gyda'r cloc. (b) Cam Troelli—gafael fel i walts (y bachgen â'i law dde o amgylch canol y |

ferch a chydio yn ei llaw dde hi gyda'i law chwith. Mae hi'n rhoi ei llaw chwith i orffwys ar ysgwydd dde'r bachgen. Mae'r ddau yn sefyll ochr yn ochr gydag ochr allan eu traed de yn cyffwrdd). Mae'r traed de yn gwneud hop yn yr unfan ar bob curiad tra bo blaen y droed chwith yn gwthio fel ar sgwter wrth droi o amgylch yn gyflym ac esmwyth. Mae mathau eraill y gellir eu dysgu gyda phrofiad.

**Troi-allan:** Cwpl sydd ar ben y rhes ddwbl yn gwahanu—y ferch yn arwain y merched i lawr i waelod yr uned (tra bo'r bachgen yn arwain y bechgyn yr un pryd). Y merched yn dawnsio gyda'r cloc a'r bechgyn gwrth-gloc. Y cwpl cyntaf yn cwrdd yn safle'r cwpl olaf ac yn gwneud pont, a'r lleill yn cwrdd â'u cymar ac yn dawnsio dan y bont ac yn ôl gan symud i fyny un lle.

**Troi sengl:** Troi yn yr unfan i'r dde neu'r chwith yn ôl y galw—4 cam cerdded fel arfer.

**Uned sgwâr:** Pedwar cwpl gyda phob cwpl yn ffurfio wal i'r sgwâr, bachgen â'i gymar ar y dde iddo. Cwpl cyntaf yw'r un sydd â'u cefnau at y gynulleidfa. Mae cwpl 2 i'r dde iddynt, cwpl 3 dros y ffordd a chwpl 4 i'r chwith.

**Ymalen ac yn ôl:** Fel arfer 8 cam ymlaen ac 8 cam yn ôl wysg y cefn.

Am ragor o fanylion ynglŷn â ffurfiau a thermau gweler *Llawlyfr Dawnsio Gwerin Cymru* Alice E. Williams (Cymdeithas Ddawns Werin Cymru).

# Y DAWNSIAU

*tudalen*

# DAWNSIAU CYLCH SENGL

# Cainc y Datgeiniaid

## 1. Cylchddawns

Cylch sengl, bachgen a merch bob yn ail.

| | | |
|---|---|---|
| 1. | Llanw a Thrai. Eto. | (A1) |
| 2. | Merched i'r canol ac allan. | |
| | Bechgyn i'r canol ac allan at y ferch oedd ar y chwith iddynt. | (A2) |
| 3. | Breichio de a chwith (neu droelli). | (B1-8) |
| 4. | Promenâd. | (B9-16) |

Ailffurfio'r cylch gan roi'r ferch yma ar y dde a chael merch newydd ar y chwith.
Ailadrodd y ddawns.

ⓗ EFDSS 'Circassian Circle' *(CDM1)*

# Y Ddafad Gorniog

## 2. Y Ddafad Gorniog

Cylch sengl, bechgen a merch bob yn ail. (Un neu fwy o fechgyn sbâr i ddawnsio yn y canol.)

1. Llanw a Thrai. Eto.     (A1-4)
2. Merched i'r canol ac allan.
   Bechgyn i'r canol—troi i wynebu'r merched (a'r bechgyn sbâr yn ymuno gyda hwy) a chysylltu breichiau neu ddwylo i wneud cylch.     (A5-8)
3. Merched yn dawnsio ar eu pennau eu hunain (gwrth-gloc) tra bo'r bechgyn yn cerdded mewn cylch gyda'r cloc.
   Atal y gerddoriaeth yn sydyn—y bechgyn yn torri'r cylch a chwilio am gymar. Promenâd gyda hi hyd ddiwedd y gerddoriaeth.     (A1-8)
   (Os mynnir gellir ymestyn y promenâd am 8 bar arall.)

Ailffurfio'r cylch gan roi'r ferch ar y dde.
Bechgyn heb gymar i ddawnsio i'r canol.
Ailadrodd y ddawns.

ⓗ CDWC

# Difyrrwch Gwŷr Llangallo

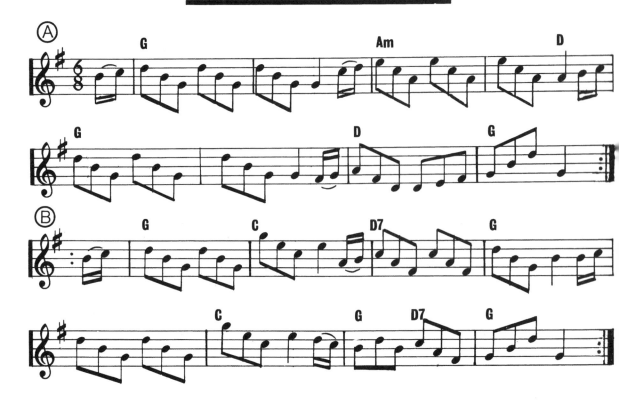

### 3.  Cylch y Cymry

Cylch sengl, bachgen a merch bob yn ail. Bachgen yn wynebu'r ferch ar y dde iddo.

1.  Ysgwyd llaw dde (4 gwaith)—ysgwyd llaw chwith (4 gwaith)— clapio'u dwylo'u hunain (4 gwaith)—taro dwy law y cymar (4 gwaith). (A1)
2.  Cydio dwy law, neu gafael walts. Carlamu i'r canol ac yn ôl. Eto. (A2)

(a)  *Fersiwn Syml*
3.  Cymheiriaid yn breichio de a chwith. (B1)
4.  Promenâd. (B2)

Ar ddiwedd y promenâd mae'r bachgen yn gadael ei gymar a symud ymlaen at y ferch nesaf, i ailadrodd y ddawns gyda hi.

(b)  *Fersiwn Gwreiddiol*
3.  Cymheiriaid yn troelli, yna'r bachgen yn troelli'r ferch ar y chwith iddo. (B1)
4.  Promenâd gyda hon. (B2)

Ailffurfio'r cylch gan roi'r ferch yma ar y dde ac ailadrodd y ddawns.

ⓗ CDWC. (Lluniwyd gan Roy Hurman)

# Y Deryn Du

**4. Dawns y Brython**

Cylch sengl, bachgen a merch bob yn ail.

| | | |
|---|---|---|
| 1. | Llanw a Thrai a chylch i'r chwith. | (A1) |
| 2. | Llanw a Thrai a chylch i'r dde. | (A2) |
| 3. | Merched i'r canol ac allan. | |
| | Bechgyn i'r canol ac allan at y ferch oedd ar yr ochr chwith iddynt. | (B1) |
| 4. | Promenâd gyda hon. | (B2) |

Ailffurfio'r cylch gyda'r ferch yma ar y dde a merch newydd ar y chwith.

Ailadrodd y ddawns.

ⓗ CDWC

17

# Pibddawns Gwŷr Gwrecsam

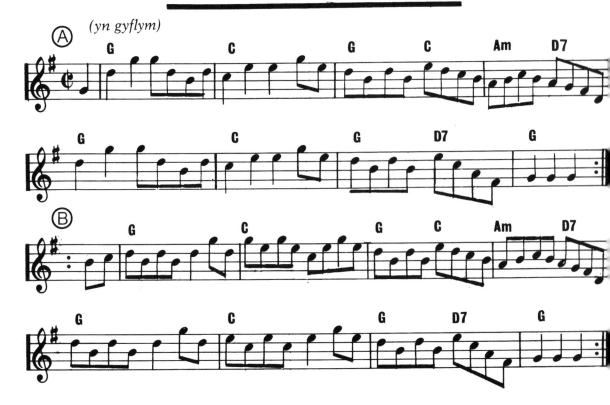

*(yn gyflym)*

**5. Dawns Gwŷr Gwrecsam**

Cylch sengl, bachgen a merch bob yn ail.

| | | |
|---|---|---|
| 1. | Llanw a Thrai. Eto. | (A1) |
| 2. | Cerdded i'r chwith. | (A2) |
| 3. | Bachgen yn breichio de gyda'r ferch ar y dde a chwith gyda'r ferch ar y chwith. | (B1) |
| 4. | Promenâd gyda'r ferch ar y chwith. | (B2) |

Ailffurfio'r cylch gyda'r ferch yma nawr ar y dde a chael merch newydd ar y chwith.
Ailadrodd y ddawns.

ⓗ CDWC

18

# Snowdon

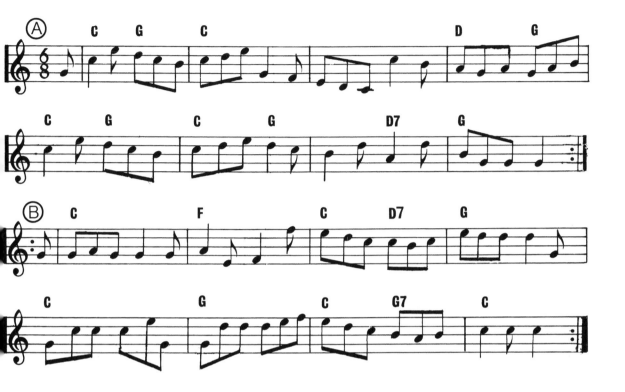

## 6. Rasus Blaydon

Cylch sengl, bachgen a merch bob yn ail.

1. Llanw a Thrai. Eto. (A1)
2. Cydio fel i walts, neu gydio dwy law. Carlamu i'r canol ac allan.
   Eto. (A2)
3. Promenâd. (B1)
   Ar ddiwedd y promenâd mae'r bachgen yn symud ymlaen at y
   ferch o'i flaen.
4. Troelli'r ferch yma a'i rhoi ar y dde wrth ailffurfio'r cylch. (B2)

Ailadrodd y ddawns.

ⓗ EFDSS 'Blaydon Races' (CDM5). (Lluniwyd gan Bill Scott.)

# Llyn Gwernen

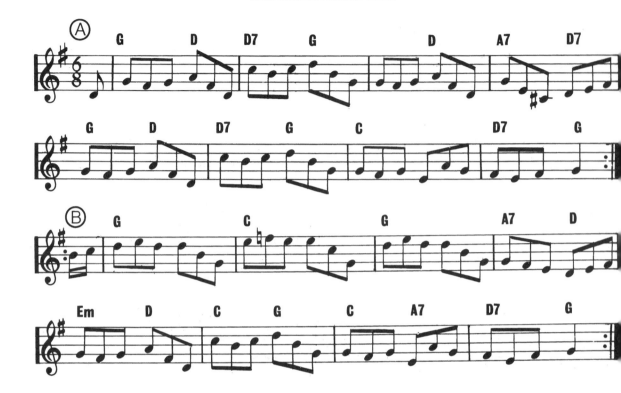

### 7.  Dawns Lithro
Cylch sengl, bachgen a merch bob yn ail.

| | | |
|---|---|---|
| 1. | Llanw a Thrai. Eto. | (A1) |
| 2. | Merched i'r canol ac allan. | |
| | Bechgyn i'r canol ac allan at y ferch ar y chwith. | (A2) |
| 3. | Cydio dwy law. Llithro gwrth-gloc ac yn ôl. | (B1) |
| 4. | Breichio de a chwith. | (B2) |

Y bachgen yn gosod y ferch yma ar y dde iddo ac ailffurfio'r cylch.
Ailadrodd y ddawns.

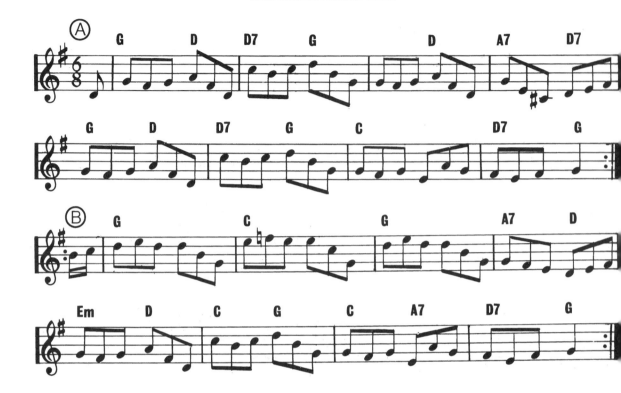(h) CDWC

20

# Difyrrwch Gwŷr Dyfi

### 8. O'r Dde i'r Chwith

Cylch sengl, bachgen a merch bob yn ail.

1. Llanw a Thrai. Eto. (A1)
2. Cylch i'r chwith. (B1)
3. Bechgyn yn clapio de a chwith ddwywaith gyda'r cymar, yna troi at y ferch ar y chwith iddo a chlapio de a chwith ddwywaith gyda hi. (A2)
4. Bachgen yn dawnsio cefn-gefn ysgwydd dde gyda'i gymar yna cefn-gefn ysgwydd chwith gyda'r ferch ar y chwith iddo. (B2)
5. Bachgen yn breichio dde gyda'r cymar a chwith gyda'r ferch ar y chwith iddo. (A3)
6. Promenâd gyda'r ferch ar y chwith. (B3)

Ailffurfio'r cylch gyda'r ferch yma nawr ar y dde iddo a chael merch newydd ar y chwith.
Ailadrodd y ddawns.

ⓗ CDWC

# Cader Idris

### 9.  Cader Idris

Cylch sengl, bachgen a merch bob yn ail.

1.  Un cam walts i'r canol ac un allan.                                    (A1-2)
2.  Bachgen yn symud y ferch o'r chwith i'r dde iddo.
    (Y ferch yn dawnsio dau gam walts, gan droi tuag at y bachgen
    ar y cam cyntaf.)                                                       (A3-4)
3.  Ailadrodd Rhif 1 a 2.                                                   (A5-8)
4.  Ailadrodd Rhif 1 a 2 eto.                                              (A1-4)
5.  Ailadrodd am y pedwerydd tro.                                          (A5-8)
6.  Mae'r bachgen a'r ferch yma'n waltsio (gwrth-gloc) hyd
    ddiwedd y gerddoriaeth.                                                (B1-16)

Ailffurfio'r cylch gyda'r ferch yma ar dde'r bachgen.
Ailadrodd y ddawns.

Os nad yw'r dawnswyr yn rai da am waltsio, neu er mwyn amrywiaeth, gellir newid y rhan olaf (Rhif 6).

6.    Mae'r bachgen yn wynebu'r bedwaredd ferch (gan greu cylch dwbl, bechgyn â'u cefnau at y canol) ac yn cydio llaw chwith y ferch yn ei law dde. Mae'r bachgen yn cymryd 1 cam gyda'i droed chwith (gwrth-gloc) a chicio'i goes dde heibio i'w goes chwith. Yna mae'n cymryd 1 cam gyda'i droed dde (gyda'r cloc) a chicio'r goes chwith heibio'r goes dde. (Mae'r merched yn gwneud yn groes i hyn.) Yna troi'n sengl. (Bachgen gwrth-gloc a'r ferch gyda'r cloc) gyda 2 gam walts. (B1-4)

Yr un peth eto ond llaw chwith y bachgen i dde'r ferch a'r tro yma y bachgen yn camu gyda'r dde, yna'r droed chwith a throi'n sengl. (Bachgen gyda'r cloc a'r ferch gwrth-gloc.) (B5-8)

(Y symudiad i (B1-8) yw: cam a chic, cam a chic, troi a throi (sef 4 cam walts) ac ailadrodd y ffordd arall)

Yna gafael walts a 2 gam lithro tua'r canol a 2 gam lithro allan (B9-12) a gorffen y gerddoriaeth gyda 4 cam walts, gwrth-gloc cyn ail-ffurfio ac ailadrodd y ddawns.

ⓗ CDWC

# Croesawiad Gwraig y Tŷ

### 10. Cyfri Saith

Cylch sengl, bachgen a merch bob yn ail.

1. Llanw a Thrai. Eto. (A1)
2. Cerdded i'r chwith. (A2)
3. Cadwyn at y seithfed. Bachgen yn troi i wynebu ei gymar—rhoi llaw dde iddi a newid lle, chwith i'r ferch nesaf, dde i'r drydedd, ac felly ymlaen nes dod at y seithfed. Gellir rhifo'n uchel.
   (Bydd y bechgyn yn teithio gwrth-gloc a'r merched gyda'r cloc.) (B1)
4. Cadw'r seithfed a throelli gyda hi. (B2)

Ailffurfio'r cylch gyda'r ferch yma ar ochr dde'r bachgen.
Ailadrodd y ddawns.

Ⓗ Novello 'Luckly Seven'

# DAWNSIAU MEWN LLINELL

# Y Derwydd

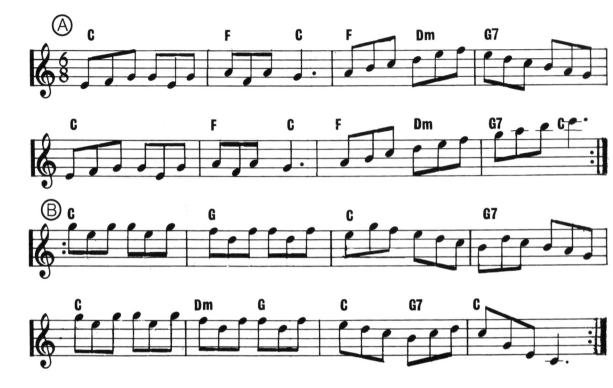

## 11. Pedwar o gylch pedwar

4 cwpl mewn dwy linell yn wynebu'i gilydd.

1. Bachgen cyntaf (a'r bechgyn eraill yn dilyn) yn dawnsio o amgylch rhes y merched. (A1)
2. Merch gyntaf (a'r merched eraill yn dilyn) yn dawnsio o amgylch rhes y bechgyn. (A2)
3. Cwpl cyntaf yn llithro i lawr y canol ac yn ôl i'w lle. (B1)
4. Pawb yn troelli. (B2)

Ailadrodd y ddawns.
(Y tro yma yr ail gwpl fydd yn llithro i lawr y canol ac yn ôl i'w lle—
ac felly ymlaen nes bydd pawb wedi cael tro. Os yw lle yn brin gall
Cwpl 3 (ac yna Cwpl 4) lithro i fyny'r canol yn lle i lawr.

# Y Delyn Newydd

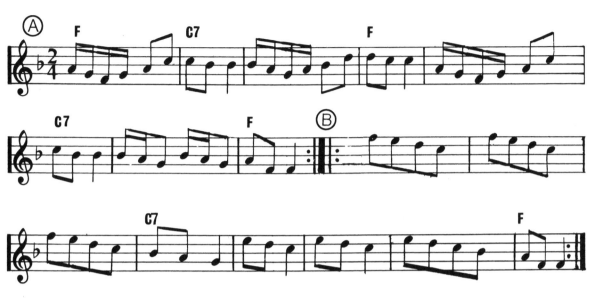

## 12. Y Delyn Newydd

4 cwpl mewn llinell yn wynebu'i gilydd.

1. Y ferch gyntaf (a'r lleill yn dilyn) yn dawnsio o amgylch y bechgyn. (A1)
2. Y bachgen cyntaf (a'r lleill yn dilyn) yn dawnsio o amgylch y merched. (A2)
3. Cymheiriaid (yn cydio dwy law) yn dawnsio o amgylch gan ddilyn llwybr y bechgyn yn Rhif 2. (B1)
4. Cwpl cyntaf yn troelli i lawr y canol i'r lle isaf, ac aros yno. (B2)

Ailadrodd y ddawns gyda'r ail gwpl nawr yn y lle cyntaf.

ⓗ CDWC

# Bedd y Morwr

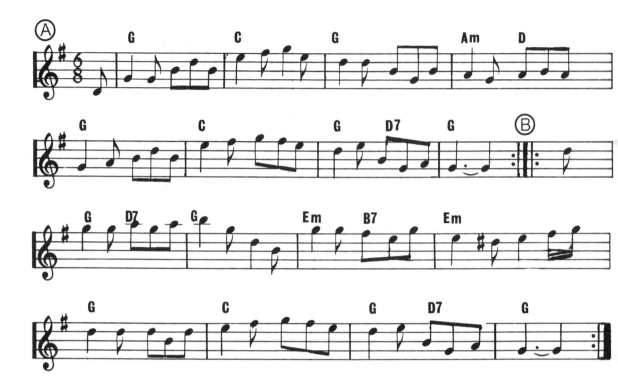

### 13. Dawns Dwy Seren
4 cwpl mewn dwy linell yn wynebu'i gilydd.

| | | |
|---|---|---|
| 1. | Seren dde a chwith, mewn pedwarawdau. | (A1) |
| 2. | Cwpl cyntaf yn carlamu drwy'r canol ac yn ôl. | (A2) |
| 3. | Cwpl cyntaf yn troi-allan ac yn gwneud pont ar y gwaelod a phawb yn eu dilyn a than y bont yn ôl i'w lle. | (B1) |
| 4. | Pawb yn troelli. | (B2) |

Ailadrodd y ddawns (gyda'r ail gwpl nawr yn y lle cyntaf).

ⓗ CDWC

# Lord of Caernarvon's Jig

### 14. Cofi o Dre

4 cwpl mewn dwy linell yn wynebu'i gilydd.

1. Llanw a Thrai. Eto. (A1/A2)
2. Cymheiriaid yn breichio de a chwith. (B1/B2)
3. Cwpl cyntaf yn croesi—dawnsio tu ôl yr ail gwpl—croesi rhwng yr ail a'r trydydd cwpl—tu ôl i'r trydydd cwpl—croesi rhwng y trydydd a'r pedwerydd cwpl a chroesi i'w hochrau iawn a gwneud pont. (A1/A2)
4. Ail gwpl yn troi-allan a'r lleill yn eu dilyn a than y bont ac yn ôl i'w lle. (B1/B2)

Ailadrodd y ddawns (gyda'r ail gwpl nawr yn y lle cyntaf)

ⓗ CDWC (Lluniwyd gan Gwyn Bangor.)

# Ap Siencyn

## 15. Dawns croesi drosodd

4 cwpl yn wynebu'i gilydd mewn dwy linell.

1. Cwpl cyntaf i lawr y canol—croesi ar y gwaelod a throi-allan gan ddawnsio i'r pen fel bo'r ferch yn dod tu ôl i'r bechgyn a'r bachgen tu ôl i'r merched ac aros ar ben y rhes anghywir. (A1)
2. Y ferch gyntaf yn arwain y dynion i'r dde (gyda'r cloc) o amgylch rhes y merched. (A2)
3. Y bachgen cyntaf yn arwain y merched i'r chwith (gwrth-gloc) o amgylch rhes y bechgyn. (B1-8)
4. Y ferch gyntaf yn breichio de gyda'r 2il fachgen yna breichio chwith gyda'r 3ydd a de gyda'r 4ydd a chwith gyda'i chymar gan orffen yn y lle olaf yn rhes y merched. (Y bachgen cyntaf yn gwneud yr un fath i lawr rhes y merched a gorffen yn y lle olaf yn rhes y bechgyn.) (B9-16)

Ailadrodd y ddawns (gyda'r ail gwpl nawr yn y lle cyntaf).

ⓗ EFDSS *'Thady you gander'* (CDM1)

# Mwynen Cynwyd

## 16. Ar Garlam

6 chwpl yn wynebu'i gilydd mewn dwy linell.

1. Seren llaw dde a seren llaw chwith fesul pedwarawdau. (A1)
2. Cwpl cyntaf yn carlamu i lawr y canol ac yn ôl. (A2)
3. Cwpl cyntaf yn troi-allan, pawb yn dilyn yn eu tro, cwrdd cymar yn y gwaelod a charlamu i fyny i ben yr uned. (B1-8)
4. Dal i garlamu (yn ddeuoedd) gan droi i'r chwith (gwrth-gloc) yn ôl i waelod yr uned ac i fyny eto'n ôl i'w lle. (B9-16)

Ailadrodd y ddawns, ond y tro hwn yr ail gwpl yn carlamu i lawr y canol ac yn ôl i ben yr uned ac arwain Cwpl 1,3,4,5,6 nes gorffen y ddawns ar ben yr uned 2,1,3,4,5,6.
Y trydydd tro bydd Cwpl 3 yn arwain gan orffen 3,2,1,4,5,6.
Gorffennir y pedwerydd tro 4,3,2,1,5,6—y pumed tro 5,4,3,2,1,6 ac ar ddiwedd y chweched tro byddant yn gorffen 6,5,4,3,2,1.

ⓗ EFDSS 'Sheep Hill' (CDM6)

# The Welsh March

## 17. Dawns Virginia

4 cwpl mewn dwy linell yn wynebu'i gilydd.

1. Llanw a Thrai. Eto.     (A)
2. Cymheiriaid yn troi llaw dde a llaw chwith.     (A)
3. Cymheiriaid yn troi dwy law a chefn-gefn.     (B)
4. Cwpl cyntaf yn troelli drwy'r canol i'r lle olaf a phawb yn troelli wedi iddynt fynd heibio.     (B)

Ailadrodd y ddawns gyda'r ail gwpl nawr yn y lle cyntaf.

(h) EFDSS 'Virginia Reel' *(CDM1)*

# Jac y Do

**18. Jac y Do**

4 neu 5 cwpl mewn dwy linell yn wynebu'i gilydd.

1. Llanw a Thrai a newid ochr gan basio ysgwydd dde gyda'r
   cymar.                                                    (A1)
2. Eto.                                                      (A2)
3. Cwpl cyntaf yn llithro i lawr y canol ac yn ôl.          (A3)
4. Cwpl cyntaf yn troi-allan ac yn gwneud pont yn y lle isaf a'r lleill
   yn eu dilyn ac yn dawnsio dan y bont yn ôl i'w lle.      (A4)

Ailadrodd y ddawns (gyda'r ail gwpl nawr yn y lle cyntaf).

ⓗ CDWC

# Oswestry Wake

## 19. Dawns Croesoswallt

5 cwpl mewn dwy linell yn wynebu'i gilydd.

1. Llanw a Thrai a chroesi i newid ochr (pasio ysgwydd dde gyda chymar). (A1)
2. Eto. (A2)
3. Cwpl cyntaf yn newid lle a'r bachgen yn gwau drwy'r merched, tra bo'r ferch gyntaf yn gwau drwy'r bechgyn, i waelod yr uned a chroesi i'w hochrau iawn. (B1)
4. Cylch i'r chwith ac i'r dde. (B2)
5. Cwpl cyntaf yn cerdded i fyny drwy'r canol ac yn dawnsio ffigur-wyth drwy'r ail gwpl, yna'r cwpl cyntaf yn troelli i lawr i waelod yr uned. (C1/2)

Ailadrodd y ddawns (gyda'r ail gwpl nawr yn y lle cyntaf).

ⓗ Gwynn 'Oswestry Wake'

# Cymro o Ble

## 20. Dawns OXO

Chwe chwpl mewn dwy linell yn wynebu'i gilydd.

1. Llanw a thrai a chefn-gefn gyda'r cymar. (A1)
2. Eto. (A2)
3. Cwpl 1 a 2; 5 a 6; yn cylchu chwith a de, tra bo cwpl 3 a 4 yn dawnsio seren dde a chwith. (B1-8)
4. Cwpl cyntaf yn troelli i lawr y canol i'r lle olaf, a phawb yn troelli wedi iddynt fynd heibio. (B9-16)

Ailadrodd y ddawns (gyda'r cwpl cyntaf yn awr yn 6ed).

ⓗ EFDSS 'OXO Reel' *(Callers' Choice 2.) (Lluniwyd gan J. Tether)*

# The Welsh Rabbit (2)

### 21. Pont Athlôn

4/5 cwpl mewn dwy linell yn wynebu'i gilydd.

| | | |
|---|---|---|
| 1. | Llanw a Thrai a newid ochr. | (A) |
| 2. | Eto. | (B1) |
| 3. | Cwpl cyntaf yn carlamu i lawr y canol ac yn ôl. | (B2) |
| 4. | Cwpl cyntaf yn troi-allan ac yn gwneud pont a'r lleill yn eu tro dan y bont ac yn ôl i'w lle. | (A) |
| 5. | Pawb yn gwneud pont. Y ferch gyntaf (nawr yn y lle isaf) yn dawnsio dan y pontydd i ben yr uned tra bo'r bachgen cyntaf yn dawnsio tu ôl i res y bechgyn i'r pen i gwrdd â'i gymar; yna'r ferch yn dawnsio i lawr i'r lle isaf tu ôl i res y merched tra bo'r bachgen yn dawnsio i lawr dan y pontydd. | (B1) |
| 6. | Pawb yn troelli. | (B2) |

Ailadrodd y ddawns (gyda'r ail gwpl nawr yn y lle cyntaf).

ⓗ EFDSS 'Bridge of Athlone' (CDM6)

# Dawns y Glocsen

## 22. Jig y Ffermwr

Pedwar cwpl mewn dwy linell. Cymheiriaid yn sefyll ochr yn ochr, bachgen â'i law dde i chwith ei gymar—pawb yn wynebu gwrth-gloc.

1.  Llanw a Thrai yna cydio dwy law a charlamu ymlaen 4 cam ac yn ôl 4 cam. (A1)
2.  Seren de a chwith (mewn pedwarawdau). (A2)
3.  Cwpl cyntaf yn troi-allan a gwneud pont—pawb yn dilyn gan fynd dan y bont ac yn ôl i'w lle. (B1-8)
4.  Pawb yn troelli. (B9-16)

Ailadrodd y ddawns (gyda'r ail gwpl nawr yn y lle cyntaf).

ⓗ EFDSS 'Farmer's Jig' (*Everybody Dance*) Lluniwyd gan I. Harcourt.

# Castell Caernarfon

### 23. Dano a Throsto
4 cwpl mewn dwy linell yn wynebu'i gilydd.

| | | |
|---|---|---|
| 1. | Llanw a Thrai a chroesi i newid ochr. | (A) |
| 2. | Eto. | (B1) |
| 3. | Cwpl cyntaf i lawr y canol ac yn ôl. | (B2) |
| 4. | Cwpl cyntaf yn troi-allan a gwneud pont a'r lleill yn dawnsio dan y bont ac yn ôl i'w lle. | (A) |
| 5/6. | Cwpl 2 a 4 yn wynebu gwaelod yr uned tra bo cwpl 1 a 3 yn wynebu pen yr uned—cymheiriaid yn cydio llaw dde. Dawnsio 'Dano a Throsto' i'w lle gyda'r cwpl cyntaf yn gorffen yn y lle olaf. | (B1/2) |

Ailadrodd y ddawns, (gyda'r ail gwpl nawr yn y lle cyntaf).

ⓗ EFDSS 'Waves of Tory' (CDM1)

# Y DAWNSIAU I DRIOEDD

# Triban Gwŷr Morgannwg

### 24. Triban

Un bachgen gyda merch bob ochr iddo. Yr unedau o drioedd i gyd yn wynebu gwrth-gloc.

1.  Dawnsio ymlaen ac yn ôl. (A1-4)
2.  Bachgen yn breichio de gyda'r ferch ar y dde a chwith gyda'r ferch ar y chwith. (A5-8)
3.  Trioedd yn dawnsio ymlaen ac yn ôl. (A9-12)
4.  Y ddwy ferch yn ffurfio pont drwy gydio dwy law—y bechgyn yn symud dan y pontydd. Atal y gerddoriaeth yn sydyn tua'r diwedd, a'r merched yn dal y bachgen sy'n digwydd mynd heibio iddynt a ffurfio'n drioedd i ailgychwyn y ddawns. (A13-16)

Byddai'r ddawns yn fwy hwyliog pe byddai bechgyn sbâr yn y canol a dim ond yn ymuno yn rhif 4.

ⓗ EFDSS 'Silly Threesome' (CDM5)

# Rhyfelgyrch Gwŷr Harlech

## 25. Harlech

Un bachgen gyda merch bob ochr iddo—yr unedau o drioedd i gyd yn wynebu gwrth-gloc.

1. Cerdded ymlaen wyth cam ac yn ôl. (A1, 1-4)
2. Ymlaen 12 cam a tharo'r traed ar y llawr yn yr unfan am y pedwar cam nesaf. (A1, 5-8)
3. Heb ollwng dwylo, gyda'r bachgen yn aros yn yr unfan, mae'r ddwy ferch yn dawnsio ymlaen a than y bont rhyngddynt hwy a'r bachgen (4 cam). Ailadrodd: (A2, 1-2)
4. Y ferch ar y dde ymlaen a than y bont rhwng y bachgen a'r ferch arall (8 cam). Ni ddylid gollwng dwylo—rhaid i'r bachgen fynd dan y bont hefyd. (A2, 3-4)
5. Yna'r ferch ar y chwith yr un fath (8 cam). (A2, 5-6)
6. Y bachgen yn symud ymlaen (8 cam) at y ddwy ferch nesaf. (A2, 7-8)

Ailadrodd y ddawns gyda hwy gan ddefnyddio cerddoriaeth B 1-16)

Ⓗ CDWC

# Aberdaugleddau

## 26. Cwrdd Chwech

Un bachgen gyda merch bob ochr iddo yn wynebu uned arall gyffelyb.

1.  Llanw a Thrai. Eto, ond y tro yma mae'r merched yn newid cymar ar ddiwedd y llanw a dychwelyd gydag ef.     (A1-8)
2.  Ailadrodd gyda'r merched y tro hwn yn dychwelyd gyda'u cymar iawn.     (A9-16)
3.·  Bachgen yn breichio de gyda'r ferch ar y dde iddo a chwith gyda'r ferch ar y chwith iddo.     (B1-8)
4.  Llanw a Thraí ac ymlaen heibio'r uned arall i gwrdd â thriawd newydd. (Y ddau driawd yn symud ymlaen gan ogwyddo i'r dde i basio'i gilydd.)     (B9-16)

Ailadrodd y ddawns gyda'r triawd newydd.

ⓗ EFDSS 'Meeting Six' *(CDM5)*

# Glandyfi

## 27. O Dri i Dri

Un bachgen gyda merch bob ochr iddo yn wynebu uned gyffelyb.

1.  Y chwech y ffurfio cylch a dawnsio i'r chwith ac i'r dde. (A1)
2.  Bachgen yn breichio de gyda'r ferch ar y dde iddo, yna chwith gyda merch chwith y bachgen arall. (A2)
3.  Yna breichio de gyda merch dde y bachgen arall ac yn olaf breichio chwith gyda'i ferch chwith ef ei hun a dod yn ôl i'w le. (B1)
4.  Trioedd—Llanw a Thrai ac ymlaen heibio'i gilydd gan ogwyddo i'r dde, i gwrdd â thriawd newydd. (B2)

Ailadrodd y ddawns gyda'r triawd yma.

# Pantyfedwen

(Ann Lloyd)

## 28. Seren Tair Llaw

Un bachgen gyda merch bob ochr iddo yn wynebu uned gyffelyb.

1. Cylch (o 6 person) cerdded i'r chwith ac i'r dde. (A1)
2. Bechgyn yn dawnsio seren llaw dde gyda'r ddwy ferch ar y dde iddynt (h.y. eu cymar de a chymar chwith y bachgen arall).
   Yna seren llaw chwith gyda'r ddwy ferch arall (ei gymar chwith a chymar de y bachgen arall). (A2)
3. Bachgen yn dawnsio tro llaw dde gyda'i gymar de a thro llaw chwith gyda'i gymar chwith. (B1)
4. Llanw a Thrai ac ymlaen, gan ogwyddo i'r dde i gwrdd â thriawd newydd. (B2)

Ailadrodd y ddawns gyda hwy.

ⓗ EFDSS 'Three Hand Star' *(CDM5)* Lluniwyd gan Nibs Matthews.

# Hela'r Ysgyfarnog

### 29. Rhwng Dwy

Un bachgen gyda merch bob ochr iddo, yn unedau o drioedd yn wynebu gwrth-gloc.

1. Bachgen (gan roi dwy law i'r ferch ar y dde) yn llithro ymlaen ac yn ôl. (A/A)
2. Eto gyda'r ferch ar y chwith iddo. (B/A)
3. Bachgen yn breichio de gyda'r ferch ar y dde a chwith gyda'r ferch ar y chwith. (A/A)
4. Pawb yn dawnsio Pleth i Dri. (B/A)

Ar ddiwedd y Bleth i Dri mae'r bachgen yn symud gwrth-gloc at y ddwy ferch sydd o'i flaen ac yn ailadrodd y ddawns gyda hwy.

ⓗ CDWC

# Nos Galan

## 30. Dawns Calan

Un bachgen gyda merch bob ochr iddo yn unedau o drioedd, pawb
yn wynebu gwrth-gloc. (Cam 1,2,3, hop drwyddi neu tempo cyflym
ar gyfer cerdded).

1.  Dawnsio ymlaen ac yn ôl, wysg eu cefnau.                                      (A1)
2.  Y ferch sydd ar law dde'r bachgen yn dawnsio ymlaen a than y
    bont rhwng y bachgen a'r ferch arall. (Y tri'n cydio dwylo'n
    ysgafn trwy'r amser; rhaid i'r bachgen droi dan y bont hefyd.)
    Yna'r ferch ar y chwith i wneud yr un fath.                                   (B1)
3.  Y bachgen yn breichio braich dde gyda'r ferch ar y dde a
    chwith gyda'r ferch ar y chwith.                                             (A2)
4.  Pawb yn dawnsio Pleth i Dri.                                                  (B2)

Ar ddiwedd y Bleth i Dri mae'r bachgen yn symud gwrth-gloc, at y
ddwy ferch sydd o'i flaen.

Ailadrodd y ddawns gyda hwy.

# Glanbargoed

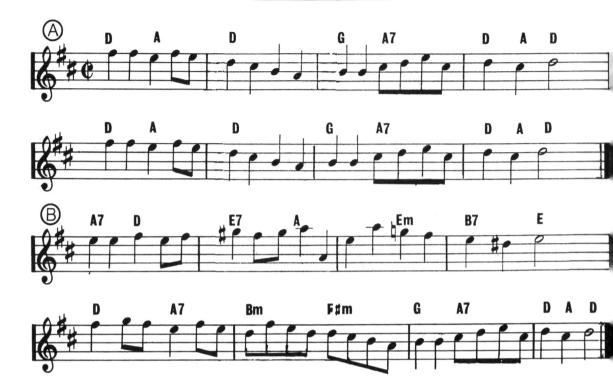

**31. Benthyg Dwy**

Un bachgen gyda merch bob ochr iddo yn wynebu uned gyffelyb.

1. Llanw a Thrai. Eto. (A)
2. Bechgyn yn breichio (neu droelli) cymar de y bachgen arall ac yna breichio chwith gyda chymar chwith y bachgen arall. (B)
3. Pleth i Dri gyda merched y bachgen arall a gorffen rhwng ei gymheiriaid ei hun. (A)
4. Llanw a Thrai ac ymlaen, gan ogwyddo i'r dde, i gwrdd â thriawd newydd. (B)

Ailadrodd y ddawns gyda hwy.

# Môn

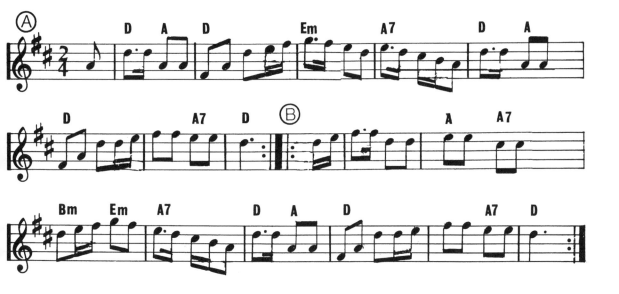

### 32. Dawns y Pontydd

Un bachgen gyda merch bob ochr iddo yn wynebu uned arall gyffelyb.

1. Y chwech yn ffurfio cylch a dawnsio i'r chwith ac i'r dde. (A1)
2. Y bachgen a'r ferch ar y dde iddo yn gwneud pont ac yn dawnsio gwrth-gloc gan fynd dros y ddwy ferch chwith (maent hwy'n penlinio neu'n rhoi cyrtsi fel y mae'r bont yn mynd dros-tynt). Gall y bechgyn gydio llaw chwith i gadw'r ddwy bont yn llinell syth. (A2)
3. Yr un fath (gyda'r cloc) gyda'r ferch ar y chwith dros y ddwy ferch arall. (B1)
4. Y trioedd yn dawnsio Llanw a Thrai ac ymlaen, gan ogwyddo i'r dde, i gwrdd â thriawd newydd. (B2)

Ailadrodd y ddawns gyda hwy.

# Llanofer (Jones' Hornpipe)

## 33. Hen Lanofer

Un bachgen gyda merch bob ochr iddo yn wynebu uned arall gyffelyb.

1. Y chwech yn ffurfio cylch a dawnsio i'r chwith ac i'r dde. (A1)
2. Y triawd yn dawnsio Pleth i Dri. (A2)
3. Y bachgen a'r ferch ar y dde iddo yn gwneud pont ac yn dawnsio gwrth-gloc gan fynd dros y ddwy ferch chwith (gweler Dawns y Pontydd). (B1)
4. Yr un fath (gyda'r cloc) gyda'r ferch ar y chwith dros y ddwy ferch arall. (B2)
5. Y trioedd yn dawnsio Llanw a Thrai ac ymlaen, gan ogwyddo i'r dde, i gwrdd â thriawd newydd. (C)

Ailadrodd y ddawns gyda hwy.

(h) CDWC

# DAWNSIAU CYLCH DWBL

# Migldi Magldi

### 34. Migldi Magldi
Cymheiriaid yn wynebu'i gilydd mewn cylch dwbl o amgylch yr ystafell. Mae'r merched yn wynebu canol y cylch.

1. Cymheiriaid yn cerdded oddi wrth ei gilydd wysg eu cefnau, 4 cam. Curo troed dde ac yna troed chwith unwaith ar y llawr ac yna clapio dwylo deirgwaith (stamp-stamp-clap-clap-clap). Cerdded at ei gilydd 4 cam a churo traed a dwylo fel o'r blaen. (A1-8)
2. Breichio de a chwith. (A9-16)

Ailadrodd y ddawns—ond y bachgen yn dod yn ôl o'r canol at y ferch nesaf ar y dde iddo bob tro o hyn ymlaen.

# Hyd y Frwynen

## 35. Hyd y Frwynen

Cymheiriaid yn wynebu'i gilydd mewn cylch dwbl o amgylch yr ystafell. Mae'r merched yn wynebu canol y cylch.

1.  Cymheiriaid cefn-gefn yn pasio ysgwydd dde a chefn-gefn ysgwydd chwith. (A1-8)
2.  Cymheiriaid—llaw dde i'w gilydd, yn cerdded gwrth-gloc 4 cam; troi llaw dde 4 cam; troi llaw chwith 4 cam; a'r ferch yn cerdded ymlaen gwrth-gloc 4 cam at y bachgen nesaf. (A9-16)

Ailadrodd y ddawns gyda'r cymar newydd.

# Pen Rhaw

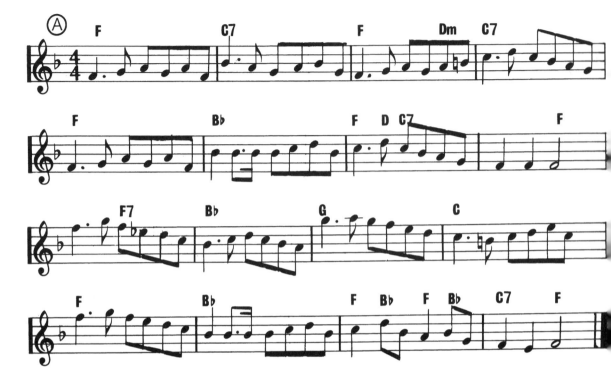

## 36. Hwyaid Abergwaun

Cymheiriaid yn wynebu'i gilydd mewn cylch dwbl o amgylch yr
ystafell. Mae'r merched yn wynebu canol y cylch. Ffurfio unedau o
ddau gwpl.

| | | |
|---|---|---|
| 1. | Seren llaw dde a Seren llaw chwith. | (A1-8) |
| 2. | Mae'r symudiad yn cychwyn gwrth-gloc. Cymheiriaid yn cydio dwy law—cam-trosodd-ymlaen-ymlaen (gweler isod). | (A9-10) |
| | Eto gyda'r cloc. | (A11-12) |
| | Eto gwrth-gloc. | (A13-14) |
| | Yna'r cwpl a oedd yn wynebu gyda'r cloc yn y seren yn gwneud pont a symud gyda'r cloc, tra bo'r cwpl arall yn symud gwrth-gloc dan y bont. Bydd y ddau gwpl yn cwrdd â chyplau newydd i ailadrodd y ddawns gyda hwy. | (A15-16) |

*Dyma symudiad y bachgen yn Rhif 2* (Y merched i wneud yr un
peth ond gan ddechrau gyda cam i'r dde i gydsymud â'r bachgen.)
Cam: Cam i'r chwith gyda'r droed chwith.
Trosodd: Croesi'r droed dde o flaen a thros y droed chwith.
Ymlaen: Cam i'r chwith gyda'r droed chwith a llithro'r droed dde i
    fyny ati bron yr un pryd.
Ymlaen: Yr un fath eto.

Ailadrodd gyda'r cloc gan gychwyn gyda'r droed dde.

ⓗ EFDSS 'Belfast Duck' *(CDM2)* lluniwyd gan D. Kennedy

# Robin Ddiog

## 37.  Robin Ddiog

Cwpl yn wynebu cwpl. Bachgen â'i gymar ar y dde iddo. Un cwpl
yn wynebu gwrth-gloc a'r llall gyda'r cloc.

1.  Seren llaw dde a Seren llaw chwith.                                    (A1-8)
2.  Cwpl cyntaf (sy'n wynebu gyda'r cloc) yn gwneud pont a
    cherdded ymlaen 4 cam tra bo'r ail gwpl yn symud 4 cam
    gwrth-gloc dan y bont.
    Yna troi a newid fel bod cwpl 2 yn gwneud y bont a chwpl 1 yn
    mynd dani.
    Troi eto a newid y trydydd tro, cwpl 1 yn gwneud pont a chwpl
    2 yn mynd dani, a'r tro hwn dal i symud ymlaen nes cwrdd â'r
    cwpl nesaf i ailadrodd y ddawns.                                      (A9-14)

(Sylwer fod y bont yn symud gyda'r cloc bob tro a than y bont yn
symud gwrth-gloc.)

(h) CDWC

# Moel yr Wyddfa

### 38. Moel yr Wyddfa

Cwpl yn wynebu cwpl. Bachgen â'i gymar ar y dde iddo.

1.  Seren llaw dde a Seren llaw chwith. (A1)
2.  Bachgen yn breichio de a chwith gyda merch y bachgen arall. (A2)
3.  Cadwyn y Merched. (Merched yn rhoi llaw dde i'w gilydd a newid lle; rhoi llaw chwith i chwith y bachgen—nid eu cymar—ac yntau, gyda'i law dde gylch ei gwasg, yn ei throi unwaith nes ei bod hi'n sefyll ar ei ochr dde. Bydd y bachgen wrth wneud hyn yn troi yn ei unfan. (B1-4)
    Merched yn rhoi llaw dde i'w gilydd a newid lle; rhoi llaw chwith i'w cymar a hwnnw'n eu troi o amgylch i'w lle gwreiddiol. (B5-8)
4.  Cyplau—Llanw a Thrai ac ymlaen, gan ogwyddo i'r dde i gwrdd â chwpl newydd. (B9-16)

Ailadrodd y ddawns gyda hwy.

ⓗ EFDSS 'Washington Quickstep' *(CDM2)*

# Bishop of Bangor's Jig

## 39. Dawns Esgob Bangor

Cwpl yn wynebu cwpl. Bachgen gyda'i gymar ar yr ochr dde iddo.

1. Cylch (o bedwarawdau) i'r chwith (4 cam) a throi'n sengl. Cylch
   yn ôl i'r dde a throi'n sengl.    (A)
2. Cadwyn y Merched. (Gweler 'Moel yr Wyddfa'.)    (B1)
3. Cyplau yn dawnsio Llanw a Thrai ac ymlaen, gan ogwyddo i'r
   dde, i gwrdd â chwpl newydd.    (B2)

Ailadrodd y ddawns.

ⓗ CDWC

# Ymdaith yr Hen Gymry

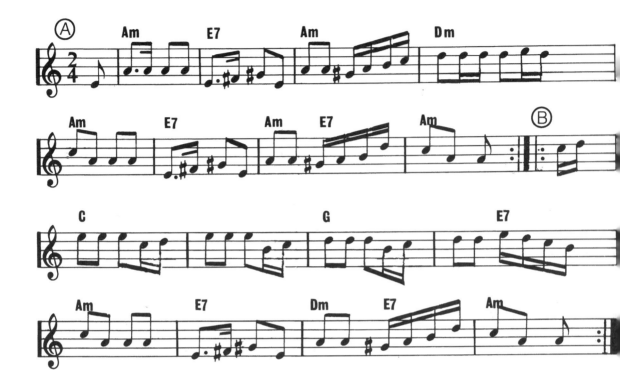

## 40. Dawns Talgarreg

Cymheiriaid yn wynebu gwrth-gloc mewn cylch dwbl o amgylch yr ystafell.

1. Dawnsio ymlaen—troi—a dawnsio'n ôl.                                    (A1)
2. Cymheiriaid yn cyfarch a newid lle. Hyn eto.                           (A2)
3. Breichio de gyda'r cymar a'r bachgen yn symud ymlaen gwrth-gloc i freichio chwith gyda'r ferch nesaf (breichio chwith gyda'r un sydd ar dde eu cymar).                                           (B1)
4. Polca (neu bromenâd) gwrth-gloc gyda'r cymar newydd.                   (B2)

Ailadrodd y ddawns gyda'r cymar yma.

Ⓗ CDWC

64

# Difyrrwch Gwŷr Llanfabon

## 41. Ffaniglen

Dawns i ddau. Bachgen yn cydio yn llaw chwith y ferch yn ei law dde a sefyll ochr yn ochr yn wynebu gwrth-gloc.

1. Cymheiriaid yn cyfarch tuag allan (oddi wrth ei gilydd). Cyfarch tuag i mewn (at ei gilydd) a cherdded ymlaen 3 cam, a throi i wynebu gyda'r cloc. Newid llaw ac ailadrodd y cyfarch a'r cerdded ymlaen (gyda'r cloc). (A1)
2. Breichio de a chwith. (A2)
3. Clapio Meillionen ddwywaith. (B1-8)
4. Troelli yn yr unfan (neu polca o gylch yr ystafell). (B9-16)

Ailadrodd y ddawns.

ⓗ CDWC   Lluniwyd gan Gwyn Bangor.

# Ffarwel i'r Marian

### 42. Ffarwel Marian

Dawns i ddau.

1. Wynebu a chydio dwy law. Pedwar cam llithro gwrth-gloc.
   Bachgen yn cicio coes chwith ac yna coes dde (y ferch yn
   groes i hyn), yna'r ddau'n troi'n yr unfan.          (A1)
                                                        (A2)
2. Eto.
3. Un cam walts i gwrdd ac un oddi wrth ei gilydd, yna dau gam
   walts i newid lle.
   Ail-wneud yn ôl i'r lle gwreiddiol.                  (B1-8)
                                                        (B9-16)
4. Waltsio hyd ddiwedd y gerddoriaeth.

Ailadrodd y ddawns.

# Llwydcoed

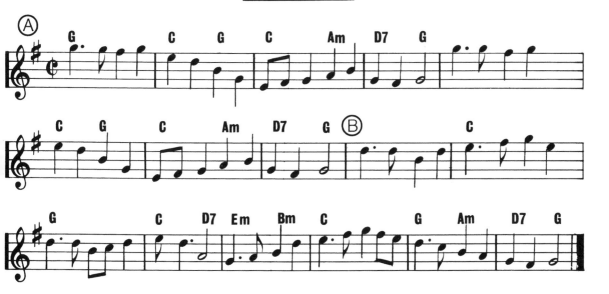

### 43. Y Gordoniaid Llon

Dawns i ddau. Y cwpl yn wynebu gwrth-gloc, yn cydio dwy law—de
i dde a chwith i chwith.

1. Cerdded ymlaen 4 cam—troi i wynebu'r ffordd arall (heb ollwng
   dwylo) ond dal i gerdded gwrth-gloc wysg eu cefnau 4 cam.
   Ailadrodd gyda'r cloc. (A)
2. Bachgen yn cerdded gwrth-gloc a'r ferch yn troi dan ei fraich
   dde—8 cam—y bachgen yn cydio'n ysgafn ym mys y ferch,
   yna carlamu (8 cam) neu bolca (4 cam) ymlaen gwrth-gloc. (B)

Ailadrodd y ddawns.

ⓗ Novello (Gay Gordons)

# DAWNSIAU SGWÂR

# Nos Sadwrn y Gweithiwr

### 44. Dawns Nos Sadwrn

Uned sgwâr i bedwar cwpl.

| | | |
|---|---|---|
| 1. | Cwpl 1—promenâd gwrth-gloc oddi amgylch yr uned ac yn ôl i'w lle. | (A1-8) |
| 2. | Cwpl 1 a 3—Seren de a chwith. | (A9-16) |
| 3. | Pawb—cylch i'r chwith. | (A1-8) |
| 4. | Pawb—troelli cymar. | (A9-16) |

Ailadrodd gyda chwpl 2 yn dawnsio Rhif 1 a chwpl 2 a 4 yn dawnsio Rhif 2—ac felly ymlaen.

# Ymdaith Caerffili

### 45. Tros y Mynydd

Uned sgwâr i bedwar cwpl.

1. Cwpl 1 yn gwahanu—bachgen yn dawnsio gyda'r cloc a'r ferch gwrth-gloc, o amgylch yr uned ac yn ôl i'w lle (y bachgen yn cadw'r ochr allan). (A1-8)
2. Cwpl 1 a 3—Seren de a chwith. (A9-16)
3. Pawb—cefn-gefn gyda'r cymar (ysgwydd dde) a throelli. (B1-8)
4. Pawb—Promenâd. (B9-16)

Ailadrodd y ddawns (Cwpl 2 yn dawnsio Rhif 1 a chwpl 2 a 4 yn dawnsio Rhif 2. Y trydydd tro = Cwpl 3. Y pedwerydd tro = Cwpl 4. Y pumed tro = Cwpl 1 a 3. Y chweched tro = Cwpl 2 a 4).

ⓗ CDWC

# Knights of Snowdon

## 46. Rhosyn yr Wyddfa

Uned sgwâr i bedwar cwpl.

1. Cwpl 1 promenâd gwrth-gloc o amgylch yr uned. (A1)
2. Cwpl 1 yn clapio Meillionen (ddwywaith) yn y canol tra bo'r lleill
   yn dawnsio cylch i'r chwith o'u cwmpas. (A2)
3. Pawb yn troelli cymar. (B1-8)
4. Pawb—promenâd. (B9-16)

Ailadrodd y ddawns gyda'r ail gwpl yn dawnsio Rhif 1 ac felly
ymlaen.

ⓗ CDWC

# Y Gelynnen

## 47. Y Gelynnen

Uned sgwâr i bedwar cwpl.

| | | |
|---|---|---|
| 1. | Cylch i'r chwith. | (A1) |
| 2. | Bachgen yn breichio de gyda'i gymar a chwith gyda'r ferch ar y chwith iddo. | (B1) |
| 3. | Bechgyn 1 a 3 gyda dwy ferch yr un (eu cymar a'r ferch ar y chwith)—Llanw a Thrai a chylch i'r chwith. | (A2) |
| 4. | Breichio fel Rhif 2. | (B2) |
| 5. | Bechgyn 2 a 4 gyda dwy ferch yr un (cymar a'r ferch ar y chwith)—Llanw a Thrai a cylch i'r chwith. | (A3) |
| 6. | Breichio fel Rhif 2. | (A3) |
| 7. | Merched—Llanw a Thrai, yna Bechgyn—Llanw a Thrai. | (A4) |
| 8. | Pawb—promenâd gyda chymar. | (B4) |

Ailadrodd y ddawns.

ⓗ CDWC   (Lluniwyd gan Lois Blake)

# Llancesau Trefaldwyn

## 48. Llancesi Trefaldwyn
Uned sgwâr i bedwar cwpl.

1. Merch 1 yn dawnsio gyda'r cloc o amgylch y sgwâr ac yn ôl i'w lle, a phawb arall yn clapio. (A1)
2. Bechgyn cefn-gefn gyda chymar ac yna cefn-gefn gyda'r ferch sydd y tu ôl iddynt. (Y ferch sydd ar y chwith iddynt yn y sgwâr—e.e. B1 a M4.) (A2)
3. Pawb yn troelli cymar. (B1-8)
4. Pawb—promenâd. (B9-16)

Ailadrodd y ddawns a'r tro yma merch 2 yn dawnsio Rhif 1 ac felly ymlaen.

Ⓗ EFDSS 'Buffalo Girl' (*Dancing for Fun 3*)

# Hoffedd Syr Watcyn

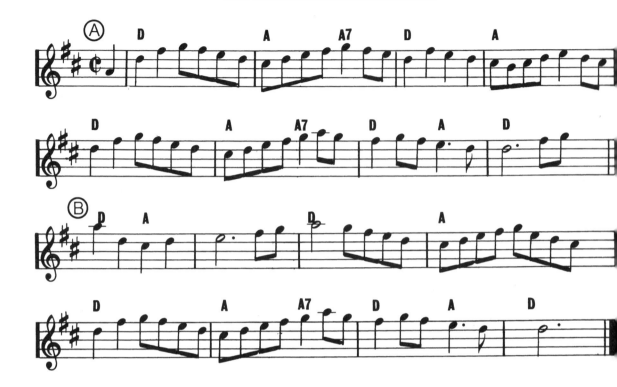

## 49. Meillionen Sgwâr

Uned sgwâr i bedwar cwpl.

1.  Cwpl 1 a 3 Llanw a Thrai.                                                        (A1-4)
    Cwpl 2 a 4 Llanw a Thrai.                                                        (A5-8)
2.  Y 4 bachgen yn llithro allan o'r sgwâr ac yn ôl, tra bo'r
    merched yn llithro i'r canol ac yn ôl. (Ysgwydd dde yn arwain
    gan bawb.) Yna'r cymheiriaid yn clapio dwylo, dull Meillionen,
    unwaith.                                                                         (B)
3.  Bechgyn ymlaen at y ferch nesaf (gwrth-gloc) 4 cam, gan
    basio'r cymar gyda'r ysgwydd dde, (B1 at M2). Tro dwy law (4
    cam) gyda hi unwaith gyda'r cloc yna clapio Meillionen
    unwaith.                                                                         (A)
4.  Bechgyn ymlaen eto at y ferch nesaf (4 cam) (B1 at M3). Tro
    dwy law (4 cam) a chlapio gyda hi.                                               (B)
5.  Bechgyn ymlaen eto at y ferch nesaf (B1 at M4). Tro dwy law a
    chlapio gyda hi.                                                                 (A)
6.  Bechgyn ymlaen at eu cymar. Tro dwy law a chlapio gyda hi.                       (B)

Ailadrodd y ddawns.

# Mopsi Dôn

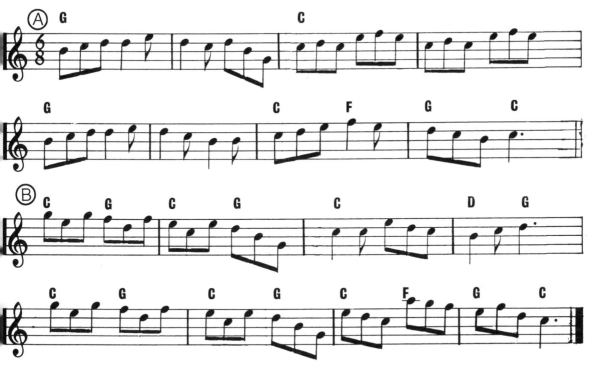

## 50. Dawns Droelli

Uned sgwâr i bedwar cwpl.

1. Merch 1 yn dawnsio gyda'r cloc o amgylch y sgwâr ac yn ôl i'w lle. (Lleill yn clapio.) (A1)
2. Pawb yn troelli cymar. (B1)
3. Merch 1 yn arwain merch 2 o amgylch y sgwâr ac yn ôl i'w lle. (A2)
4. Pawb yn troelli cymar. (B2)
5. Merch 1 yn arwain merch 2 a 3 o amgylch y sgwâr ac yn ôl i'w lle. (A3)
6. Pawb yn troelli cymar. (B3)
7. Merch 1 yn arwain merch 2, 3 a 4 o amgylch y sgwâr ac yn ôl i'w lle. (A4)
8. Pawb yn troelli cymar. (B4)
9. Pawb yn gwneud promenâd gwrth-gloc. (A5)
10. Pawb yn troelli cymar. (B5)

Ailadrodd y ddawns gyda bachgen 1 yn arwain y dawnsio.

Ⓗ CDWC

# Rachel Dafydd Ifan

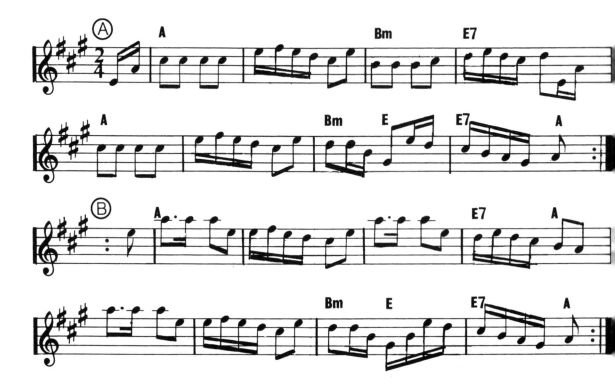

### 51. Trwy'r Bwlch
Uned sgwâr i bedwar cwpl.

1.  Cwpl 1 yn gwahanu, y bachgen yn dawnsio gyda'r cloc a'r
    ferch gwrth-gloc o amgylch y sgwâr nes dod y tu ôl i gwpl 3.
    Cwpl 1 yn cydio dwy law (neu gafael walts) ac yn carlamu
    drwy'r bwlch rhwng cwpl 3 yn ôl i'w lle.                              (A1)
2.  Pawb yn troelli cymar.                                               (A2)
3.  Cwpl 1 a 3 yn newid lle (cwpl 3 yn gwneud pont a chwpl 1 dan
    y bont).
    Newid lle yn ôl (cwpl 1 yn gwneud pont a chwpl 3 dani).             (B1)
4.  Pawb—promenâd gwrth-gloc.                                           (B2)

Ailadrodd y ddawns gyda chwpl 2 yn carlamu rhwng cwpl 4 ac yn
pontio gyda hwy, ac felly ymlaen.

ⓗ CDWC

# Torth o Fara

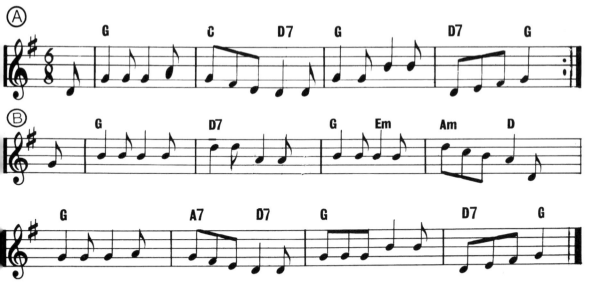

**52. Lawr y canol**

Uned sgwâr i bedwar cwpl.

1. Cwpl 1 i lawr y canol rhwng cwpl 3, yna gwahanu, y bachgen yn dawnsio i'w chwith (gwrth-gloc) yn ôl i'w le, tra bo'r ferch yn dawnsio i'w de (gyda'r cloc) i'w lle. (A1-8)
2. Pawb—cylch i'r chwith ac i'r dde. (B)
3. Pawb—breichio de a chwith gyda'r cymar. (A1-8)
4. Pawb—cefn-gefn a throelli cymar. (B)

Ailadrodd y ddawns gyda chwpl 2 yn dawnsio i lawr y canol rhwng cwpl 4 ac yn ôl i'w lle—ac felly ymlaen.

# Y Delyn

### 53. Dawns Seren Ddwbl

Uned sgwâr i bedwar cwpl.

1.  Pawb—cylch i'r chwith a chylch i'r dde.                                          (A1)
2.  Merched—Llanw a Thrai.
    Bechgyn—Llanw, aros a ffurfio seren llaw dde.                                    (B1)
3.  Bechgyn—Seren llaw dde a Seren llaw chwith tra bo'r merched
    yn dawnsio'n yr unfan.                                                           (C1)
4.  Ar ddiwedd y Seren llaw chwith (heb ollwng y dwylo) mae pob
    bachgen yn pasio'i gymar ac yn rhoi ei fraich dde o amgylch
    gwasg y ferch nesaf (B1 - M2) hithau'n rhoi ei braich chwith o
    amgylch ei wasg ef, a'r wyth yn dawnsio Seren llaw chwith, yna
    gollwng y Seren a'r bechgyn, yn dal eu gafael yn y merched,
    yn troi i wynebu gyda'r cloc, gan droi'r merched i'r canol a hwy
    yn ffurfio Seren llaw dde. Yr wyth yn dawnsio Seren llaw dde.                    (A2)
5.  Pawb yn troelli'r cymar newydd yma.                                              (B2)
6.  Pawb—promenâd gwrth-gloc.                                                        (C2)

Ailadrodd y ddawns deirgwaith eto i gael y cymar gwreiddiol yn ôl.

ⓗ CDWC

81

# Sawdl y Fuwch

## 54. Clawdd Offa

Uned sgwâr i bedwar cwpl.

| | | |
|---|---|---|
| 1. | Pawb—Llanw a Thrai a chymheiriaid cefn-gefn. | (A1) |
| 2. | Ailadrodd. | (A2) |
| 3. | Cwpl cyntaf yn newid lle (pasio ysgwydd dde) a'r bachgen yn dawnsio ymlaen tu cefn i'r ail gwpl ac yna i mewn i'r sgwâr rhwng yr ail gwpl (y ferch rhwng y 4ydd cwpl)—dawnsio allan rhwng y ddau nesaf (y bachgen rhwng M2 a B3) (y ferch rhwng B4 a M3) a chwrdd tu ôl i'r 3ydd cwpl a dawnsio rhyngddynt yn ôl i'w lle. | (B1) |
| 4. | Pawb—cylch i'r chwith ac i'r dde. | (B2) |
| 5. | Cwpl cyntaf yn dawnsio Ffigur Wyth rhwng y trydydd cwpl. | (C1) |
| 6. | Pawb yn troelli cymar (neu bromenâd). | (C2) |

Ailadrodd y ddawns gyda'r ail gwpl yn dawnsio Rhif 3 ac yna Rhif 5 rhwng y 4ydd cwpl—ac felly ymalen.

Ⓗ CDWC   (Lluniwyd gan Gwyn Bangor)

# O Gylch y Ford Gron

### 55. La Russe

Uned sgwâr i bedwar cwpl.

1. Y bechgyn yn dawnsio tu cefn i'w cymar i gyfarfod â'r ferch nesaf (B1 at M2). Cyfarch ei gilydd a throelli. (A1)
2. Bechgyn yn ôl at eu cymar, cyfarch a throelli. (A2)
3. Cwpl 1af yn unig yn troelli—lleill yn clapio. (B1-8)
4. Cwpl 1af, gan gadw tu mewn i'r sgwâr, yn mynd i ymweld â'r cyplau eraill bob yn un yn ei dro a dychwelyd i'w lle. (B9-16)
5. Cwpl 1 a 3 yn newid lle (Cwpl 1 yn gwneud pont a'r 3ydd yn dawnsio dani) ac eto'n ôl (3ydd yn gwneud y bont). (A1)
6. Ail-wneud Rhif 5. (A2)
7. Pawb—cylch i'r chwith. (B1-8)
8. Pawb—promenâd. (B9-16)

Ailadrodd y ddawns gyda'r ail gwpl yn dawnsio Rhif 3 a 4 a chwpl 2 a 4 yn dawnsio Rhif 5 a 6. Yna tro cwpl 3 ac felly ymlaen.

Ⓗ EFDSS 'La Russe' *(CDM1)*

# RHESTR ALAWON

| Y DDAWNS | YR ALAW |
|---|---|
| 1. Cylchddawns | Cainc y Datgeiniaid |
| 2. Y Ddafad Gorniog | Y Ddafad Gorniog |
| 3. Cylch y Cymry | Difyrrwch Gwŷr Llangallo |
| 4. Dawns y Brython | Y Deryn Du |
| 5. Dawns Gwŷr Gwrecsam | Pibddawns Gwŷr Gwrecsam |
| 6. Rasus Blaydon | Snowdon |
| 7. Dawns Lithro | Llyn Gwernen |
| 8. O'r Dde i'r Chwith | Difyrrwch Gwŷr Dyfi |
| 9. Cader Idris | Cader Idris |
| 10. Cyfri Saith | Croesawiad Gwraig y Tŷ |
| 11. Pedwar o gylch pedwar | Y Derwydd |
| 12. Y Delyn Newydd | Y Delyn Newydd |
| 13. Dawns Dwy Seren | Bedd y Morwr |
| 14. Cofi o Dre | Lord of Caernarvon's Jig |
| 15. Dawns Croesi Drosodd | Ap Siencyn |
| 16. Ar Garlam | Mwynen Cynwyd |
| 17. Dawns Virginia | The Welsh March |
| 18. Jac y Do | Jac y Do |
| 19. Dawns Croesoswallt | Oswestry Wake |
| 20. Dawns OXO | Cymro o Ble |
| 21. Pont Athlôn | The Welsh Rabbit (2) |
| 22. Jig y Ffermwr | Dawns y Glocsen |
| 23. Dano a Throsto | Castell Caernarfon |
| 24. Triban | Triban Gwŷr Morgannwg |
| 25. Harlech | Rhyfelgyrch Gwŷr Harlech |
| 26. Cwrdd Chwech | Aberdaugleddau |
| 27. O Dri i Dri | Glandyfi |
| 28. Seren Tair Llaw | Pantyfedwen |
| 29. Rhwng Dwy | Hela'r Ysgyfarnog |
| 30. Dawns Calan | Nos Galan |
| 31. Benthyg Dwy | Glanbargoed |
| 32. Dawns y Pontydd | Môn |
| 33. Hen Lanofer | Llanofer (Jones' Hornpipe) |
| 34. Migldi Magldi | Migldi Magldi |
| 35. Hyd y Frwynen | Hyd y Frwynen |
| 36. Hwyaid Abergwaun | Pen Rhaw |
| 37. Robin Ddiog | Robin Ddiog |
| 38. Moel yr Wyddfa | Moel yr Wyddfa |
| 39. Dawns Esgob Bangor | Bishop of Bangor's Jig |
| 40. Dawns Talgarreg | Ymdaith yr Hen Gymry |
| 41. Ffaniglen | Difyrrwch Gwŷr Llanfabon |
| 42. Ffarwel Marian | Ffarwel i'r Marian |
| 43. Y Gordoniaid Llon | Llwydcoed |
| 44. Dawns Nos Sadwrn | Nos Sadwrn y Gweithiwr |
| 45. Tros y Mynydd | Ymdaith Caerffili |
| 46. Rhosyn yr Wyddfa | Knights of Snowdon |
| 47. Y Gelynnen | Y Gelynnen |
| 48 Llancesi Trefaldwyn | Llancesau Trefaldwyn |
| 49. Meillionen Sgwâr | Hoffedd Syr Watcyn |
| 50. Dawns Droelli | Mopsi Dôn |
| 51. Trwy'r Bwlch | Rachel Dafydd Ifan |
| 52. Lawr y Canol | Torth o Fara |
| 53. Dawns Seren Ddwbl | Y Delyn |
| 54. Clawdd Offa | Sawdl y Fuwch |
| 55. La Russe | O Gylch y Ford Gron |

# WELSH BARN DANCE

## The dance steps

## 1 CYLCHDDAWNS

Single circle, boy and girl alternately.

| | | |
|---|---|---|
| 1. | Forward and Back. Repeat | (A1) |
| 2. | Girls to the centre and out. | (A2) |
| | Boys to the centre and out to the girl that was on their left. | |
| 3. | Arm right and left (or swing) | (B1-8) |
| 4. | Promenade | (B9-16) |

Re-form the circle placing this girl on the boy's right and having a new girl on the left.
Repeat the dance.

ⓒ *EFDSS 'Circassian Circle' (CDMI)*


## 2 Y DDAFAD GORNIOG

Single circle, boy and girl alternately. (One or more spare boys to dance in the centre)

| | | |
|---|---|---|
| 1. | Forward and Back. Repeat. | (A1-4) |
| 2. | Girls to the centre and out. | (A5-8) |
| | Boys to the centre, turn to face the girls (the spare boys join them) link elbows to form a circle. | |
| 3. | Girls dance by themselves (anti-clockwise) while the boys walk in a circle (clockwise) | (A1-8) |
| | Stop the music suddenly—boys break the circle and find a partner. | |
| | Promenade with her to the end of the music. | |

(If required the Promenade may be extended for another 8 bars.)
Re-form the circle, placing the girl on the boy's right. Boys without partners to dance in the *middle*.
Repeat the dance.

ⓒ *CDWC*


## 3 CYLCH Y CYMRY

Single circle, boy and girl alternately.
Boy faces the girl on his right.

| | | |
|---|---|---|
| 1. | Shake right hands (4 times)— shake left hands (4 times) Clap own hands (4 times)—clap both partners' hands (4 times) | (A1) |
| 2. | Hold both hands (or waltz hold) Gallop to the centre and back. Repeat. | (A2) |

(a) Simple Version.

| | | |
|---|---|---|
| 3. | Partners Arm right and left | (B1) |
| 4. | Promenade. | (B2) |

At the end of the Promenade the boys leave their partners and move forward to the next girl, to repeat the dance with her.

(b) Alternate Version.

| | | |
|---|---|---|
| 3. | Partners Swing, then the boys Swing the girl on their left. | (B1) |
| 4. | Promenade this girl. | (B2) |

Re-form the circle placing this girl on the boy's right and repeat the dance.

ⓒ *CDWC (Devised by Roy Hurman)*


## 4 DAWNS Y BRYTHON

Single circle, boy and girl alternately.

| | | |
|---|---|---|
| 1. | Forward and Back, and circle left. | (A1) |
| 2. | Forward and Back and circle right. | (A2) |
| 3. | Girls to the centre and out. Boys to the centre and out to the girls that were on their left. | (B1) |
| 4. | Promenade this girl. | (B2) |

Re-form the circle with this girl on the boy's right and a new girl on his left.
Repeat the dance.

ⓒ *CDWC*

## 5 DAWNS GŴYR GWRECSAM

Single circle, boy and girl alternately.

| | | |
|---|---|---|
| 1. | Forward and Back. Repeat | (A1) |
| 2. | Walk to the left. | (A2) |
| 3. | Boy Arms right with the girl on his right and left with the girl on his left | (B1) |
| 4. | Promenade the left hand girl. | (B2) |

Re-form with this girl now on the boy's right and a new girl on his left
Repeat the dance.

© CDWC


## 6 RASUS BLAYDON

Single circle, boy and girl alternately.

| | | |
|---|---|---|
| 1. | Forward and Back, Repeat. | (A1) |
| 2. | (Waltz hold—or hold both hands). Gallop to the centre and out. Repeat. | (A2) |
| 3. | Promenade. (At the end of the Promenade the boy moves forward to the girl in front.) | (B1) |
| 4. | Swing this girl. Place her on the right when re-forming the circle. | (B2) |

Repeat the dance.

© EFDSS 'Blaydon Races' (CDM5) (Devised by Bill Scott)


## 7 DAWNS LITHRO

Single circle, boy and girl alternately).

| | | |
|---|---|---|
| 1. | Forward and Back. Repeat. | (A1) |
| 2. | Girls to the centre and out. Boys to the centre and out to the girl on the left. | (A2) |
| 3. | (Two hand hold) Gallop anti-clockwise and back. | (B1) |
| 4. | Arm right and left. | B2 |

Re-form the circle with this girl now on the boy's right and a new girl on his left.
Repeat the dance.

© CDWC


## 8 O'R DDE I'R CHWITH

Single circle, boy and girl alternately.

| | | |
|---|---|---|
| 1. | Forward and Back. Repeat. | (A1) |
| 2. | Circle left. | (B1) |
| 3. | Boys clap right and left twice | (A2) |

with partners, then turn to the girl on the left and clap right and left twice with her.

| | | |
|---|---|---|
| 4. | Boys dance Back to Back, right shoulders, with partners, then Back to Back left shoulders with the girl on their left. | (B2) |
| 5. | Boys Arm right with partner and left with the girl on their left. | (A3) |
| 6. | Promenade the left hand girl. | (B3) |

Re-form the circle with this girl now on the boy's right and a new girl on his left.
Repeat the dance.

© CDWC


## 9 CADER IDRIS

Single circle, boy and girl alternately.

| | | |
|---|---|---|
| 1. | One waltz step to the centre and one to place. | (A1-2) |
| 2. | Boy moves his left hand girl to his right (the girl dances two waltz steps turning clockwise towards the boy on the first step) | (A3-4) |
| 3. | Repeat of Nos 1 and 2 | (A5-8) |
| 4. | Repeat of Nos 1 and 2 | (A1-4) |
| 5. | Repeat for the fourth time. | (A5-8) |
| 6. | Keep this girl and waltz (anti-clockwise) till the end of the music. | (B1-16) |

Re-form the circle with this girl on the boy's right.
Repeat the dance.

© CDWC

If the dancers have difficulty with the waltzing, or for variation, Part 6 can be changed.

6. The boy faces this fourth girl (who is now on his right) forming a double circle, boy with his back to the centre, holding the girl's left hand in his right. The boy takes one step with his left foot (anti-clockwise) and kicks his right leg past his left leg. He then takes one step with his right leg (clockwise) and kicks his left leg past his right. (The girls do the opposite). Then both turn single. (Boys anti-clockwise, girls clockwise) with two waltz steps. (B1-4)
The same again but boy's left hand to girl's right and the boy steps with his right, then the left and turn single. (Boy clockwise, girl anti-clockwise) (B5-8)
(The movement for (B1-8) is—step-kick, step-kick, turn and turn (4 waltz steps) and repeat the other way. Then (waltz hold) 2 slip steps to the centre, and 2 slip steps back (B9-12) and finish the music with 4 waltz steps anti-clockwise before re-forming the circle and repeating the dance.

## 10 CYFRI SAITH

Single circle, boy and girl alternately.

| | | |
|---|---|---|
| 1. | Forward and Back. Repeat. | (A1) |
| 2. | Walk to the left. | (A2) |
| 3. | Chain to the seventh. (Boy turns to face his partner—gives her his right hand and changes places with her—he gives his left hand to the next girl and changes places with her, right hand to the third and so on to the seventh. The boys travel anti-clockwise and the girls clockwise. | (B1) |
| 4. | Keep the seventh and swing her. | (B2) |

Re-form the circle with this girl on the boy's right. Repeat the dance.

© *Novello "Lucky Seven"*

## 11 PEDWAR O GYLCH PEDWAR

Four couples in two lines facing each other.

| | | |
|---|---|---|
| 1. | The first boy (the other boys following) dance around the girls' line (clockwise) | (A1) |
| 2. | The first girl (the other girls following) dance around the boys' line (anti-clockwise) | (A2) |
| 3. | The first couple slip-step down the middle and back to place. | (B1) |
| 4. | Everyone swing partner. | (B2) |

Repeat the dance.
(This time the 2nd couple will slip down the middle and back to place—and so on until everyone has had a turn. If space is limited then Couple 3 and 4 may slip UP the centre instead of down).

© *CDWC*

## 12 Y DELYN NEWYDD

Four couples in two lines facing each other.

| | | |
|---|---|---|
| 1. | The first girl (others follow) dance around the boys' line (anti-clockwise) | (A1) |
| 2. | The first boy (others follow) dance around the girls' line (clockwise) | (A2) |
| 3. | Partners (holding both hands) dance around the path taken by the boys in No 2 (clockwise) | (B1) |

| | | |
|---|---|---|
| 4. | First couple swing down the middle to the bottom place and stay there. | (B2) |

Repeat the dance with the 2nd Couple now in the first place.

© *CDWC*

## 13 DAWNS DWY SEREN

Four couples in two lines facing each other.

| | | |
|---|---|---|
| 1. | Right and Left hand Star in fours | (A1) |
| 2. | First couple gallop down the middle and back. | (A2) |
| 3. | First Couple cast out and form an arch at the bottom, others following, meet their partner, and pass under the arch to place (moving up one place). | (B1) |
| 4. | All swing partners. | (B2) |

Repeat the dance (with the 2nd couple now in 1st place).

© *CDWC*

## 14 COFI O DRE

Four couples in two lines facing each other.

| | | |
|---|---|---|
| 1. | Forward and Back. Repeat. | (A1/2) |
| 2 | Partners Arm right and left. | (B1/2) |
| 3. | First couple cross, dance behind 2nd couple, cross between the 2nd and 3rd couples, dance behind the 3rd couple, cross between the 3rd and 4th couples, and cross to their own side to form an arch. | (A1/2) |
| 4. | 2nd couple cast out, others follow, to meet and pass under the arch and back to place (moving up one place) | (B1/2) |

Repeat the dance with the 2nd couple now in 1st place.

© *CDWC (devised by Gwyn Bangor)*

## 15 DAWNS CROESI DROSODD

Four couples in two lines facing each other.

1.  First couple dance down the middle, cross at the bottom and cast out to the top of the set so that the girl dances behind the boys and the boy behind the girls, finishing on their wrong side. (A1)

2.  The 1st girl leads the boys to their right (clockwise), dancing around the girls and to place. (A2)

3.  The 1st boy leads the girls to the left (anti-clockwise) around the boys. (B1-8)

4.  The first girl Arms right with the 2nd boy then Arms left with the 3rd boy and right with the 4th and left with partner finishing in the fourth place in the girls' line. (The 1st boy does the same down the girls' line finishing in the 4th place on the boys' side) (B9-16)

Repeat the dance (The 2nd couple now in the 1st place)

© *EFDSS "Thady you gander" (CDMI)*

## 16 AR GARLAM

6 couples facing each other in two lines.

1.  Right and Left Hand Star in fours. (A1)

2.  First couple gallop down the middle and back. (A2)

3.  First couple cast out, everyone to follow in turn, meet partner at the bottom of the set and gallop to the top. (B1-8)

4.  Keep on galloping (with partner) turning to the left (anti-clockwise) to the bottom of the set and back to their place. (B9-16)

Repeat the dance but this time the 2nd couple gallop down the middle and back to the top of the set to lead couples 13456, finishing the dance at the head of the set 213456. The third time Couple 3 will lead finishing 321456. The fourth time will end 432156 and the fifth time 543216 ending the dance the sixth time 654321.

© *EFDSS "Sheep Hill" (CDM6)*

## 17 DAWNS VIRGINIA

Four couples in two lines facing each other.

1.  Forward and Back. Repeat. (A)
2.  Partners turn right and left hand (A)
3.  Partners turn with both hands, then Back to Back. (B)
4.  First couple swing down the middle to the fourth place, others move up one place and swing partner as soon as the 1st couple have passed them. (B)

Repeat the dance, the 2nd couple now in 1st place

© *EFDSS "Virginia Reel" (CDMI)*

## 18 JAC Y DO

4 or 5 couples in two lines facing each other.

1.  Forward and Back. Forward to change sides passing right shoulders with partner (A1)

2.  Repeat to place. (A2)

3.  First couple slip step down the middle and back. (A3)

4.  First couple Cast Out, forming an arch in the bottom place, others follow and dance with partner under the arch back to place (moving up one place) (A4)

Repeat dance with the 2nd couple now in first place.

© *CDWC*

## 19 DAWNS CROESOSWALLT

Five couples in two lines facing each other.

1.  Forward and Back. Forward to change sides, passing right shoulders with partner (A1)

2.  Repeat to place. (A2)

3.  First couple change places, the boy weaves through the girls' side whilst the girl weaves through the boy's side to the bottom of the set and cross to their proper side. (B2)

4.  All circle left and right. (B 2)

5.  First couple walk up through the middle and dance the Figure of Eight through the 2nd couple and swing down to the last place. (C1/2)

Repeat the dance with the 2nd couple now in the 1st place.

© *Gwynn "Oswestry Wake"*

## 20 DAWNS OXO

Six couples in two lines facing each other.

1. Forward and Back and Back to Back with partner. (A1)
2. Repeat. (a2)
3. Couple 1+2; 5+6 circle left and right while Couple 3+4 dance Right and Left Hand Star. (B'.8)
4. First couple Swing down the middle to the bottom place, with other couples swinging once the 1st couple has gone past. (B9-16)

Repeat the dance (with the 1st couple now in 6th place)

© EFDSS "OXO" (Callers' Choice 2) (Devised by J Tether)


## 21 PONT ATHLÔN

4/5 Couples in two lines facing each other.

1. Forward and Back. Forward to change sides. (A)
2. Repeat to place. (B1)
3. First couple gallop down the middle and back. (B2)
4. First couple Cast Out, forming an arch in the bottom place, others follow and dance under the arch, moving up one place. (A)
5. All make an arch (to form a tunnel). The first girl (now in bottom place) dances under the arches to the top while the 1st boy dances behind the boys' line to meet his partner at the top. The girl now dances behind the girls' line back to bottom place, while the boy dances under the arches. (B1)
6. All swing partners. (B2)

Repeat the dance, the 2nd couple now in the first place.

© EFDSS "Bridge of Athlone" (CDM6)


## 22 JIG Y FFERMWR

Four couples in two lines. Partners stand side by side, boy giving right hand to his partner's left. All face anti-clockwise.

1. Lead Forward and Back, then (holding both hands) Forward (4 slip steps) and Back. (A1)
2. Right and Left Hand Star. (in 4's) A2

3. First couple Cast Out and make an arch in bottom place, others follow dancing under the arch and moving up one place. (B1-8)
4. All swing partner. (B9-16)

Repeat the dance—the 2nd couple now in first place.

© EFDSS "Farmer's Jig" (Everybody Dance) (Devised by I Harcourt)


## 23 DANO A THROSTO

Four couples in two lines facing each other.

1. Forward and Back. Forward to change sides. (A)
2. Repeat to place. (B1)
3. First couple dance down the middle and back. (B2)
4. First couple Cast Out, making an arch in bottom place—others follow and dance under the arch, moving up one place. (A)
5/6. Couple 2 and 4 face bottom of the set while couple 1 and 3 face the top of the set. Partners hold right hands. Dance 'Over and Under' to place with the first couple finishing in the bottom place. (B1/2)

Repeat the dance with the second couple now in first place.

© EFDSS "Waves of Tory" (CDM1)


## 24 TRIBAN

One boy with a girl on each side. All threesomes face anti-clockwise.

1. Dance Forward and Back. (A1-4)
2. Boy Arms right with the girl on his right, then left with the girl on his left. (A5-8)
3. Dance Forward and Back. (A9-12)
4. The two girls form a bridge by holding both hands—the boys dance anti-clockwise under the bridges. Stop the music suddenly near the end and the girls catch the boy that happens to pass under the bridge to form a new threesome. (A13-16)

Repeat the dance.
(The dance becomes more fun if there are extra boys in the middle but joining in No4)

© EFDSS "Silly Threesome" (CDM5)

## 25  HARLECH

One boy with a girl on each side. All threesome face anti-clockwise.

1.  All walk (March) anti-clockwise 8 steps and 8 steps backwards. (A1,1-4)
2.  Forward 12 steps and then step on the spot for the next 4 steps. (A1,5-8)
3.  Without dropping hands, with the boys staying on the spot, the two girls dance forward and under the arch between themselves and the boy (4 steps). Repeat. (A2,1-2)
4.  The girl on the right dances forward and under the arch made by the boy and the other girl (8 steps)—without dropping hands, the boy follows her under the arch. (A2, 3-4)
5.  Then the girl on the left does the same (8 steps) (A2, 5-6)
6.  The boy moves on (8 steps)to the next two girls. (A2, 7-8)

Repeat the dance with them using the B music.

© CDWC

## 26  CWRDD CHWECH

One boy with a girl on each side facing a similar threesome.

1.  Forward and Back. Repeat—but this time the girls change partners at the end of the Forward and return with him. (A1-8)
2.  Repeat—with the girls returning with their own partners. (A9-16)
3.  The boy Arms right with his right hand girl and left with his left hand girl. (B1-8)
4.  Forward and Back and Forward passing the other threesome to meet a new threesome. (Both threesome veer to the right to pass each other) (B9-16)

Repeat the dance with the new threesome.

© EFDSS "Meeting Six" (CDM5)

## 27  O DRI I DRI

One boy with a girl on each side facing a similar threesome.

1.  The six form a circle and dance to the left and to the right. (A1)
2.  The boy Arms right with his right hand girl then left with the other (A2)

boy's left hand girl.

3.  He then Arms right with the other boy's right hand girl and arms left with his own left hand girl, returning to place. (B1)
4.  The threesomes dance Forward and Back and Forward to progress, veering to the right to pass the other threesome and to come face to face with a new threesome. (B2)

Repeat the dance with this threesome.

© CDWC

## 28  SEREN TAIR LLAW

One boy with a girl on each side facing a similar threesome.

1.  Circle (of 6 dancers) walk to the left and then to the right. (A1)
2.  The boys dance a Right Hand Star with the two outside girls (i.e., his own right hand girl and the other boy's left hand girl.) Then dance a Left Hand Star with the other two girls. (A2)
3.  The boy Arms right with his right hand partner and then left with his left hand partner. (B1)
4.  The threesomes dance Forward and Back and Forward to progress, veering right to pass and then face a new threesome. (B2)

Repeat the dance with them.

© EFDSS "Three Hand Star" (CDM5) (Devised by Nibs Matthews)

## 29  RHWNG DWY

One boy with a girl on each side. All threesomes face anti-clockwise.

1.  Boy (giving both hands to his right hand girl) slip forward to his left and back (A/A)
2.  Again to his right with his left hand girl (B/A)
3.  Boy Arms right with his right hand girl and left with his left hand girl. (A/A)
4.  All threesomes dance a Hey for three. (B/A)

At the end of the Hey the boy moves on anti-clockwise to meet the two girls in front and repeat the dance with them.

© CDWC

## 30  DAWNS CALAN

One boy with a girl on each side. All threesomes face anti-clockwise.
(123hop step throughout or a fast tempo for walking.)

| | | |
|---|---|---|
| 1. | Threesomes dance Forward and Back. | (A1) |
| 2. | The boy's right hand girl dances forward, under the arch made by the boy and the left hand girl. (All hold hands lightly throughout)—the boy follows under the arch. Then the boy's left hand girl does the same. | (B1) |
| 3. | The boy Arms right with his right hand girl and then left with his left hand girl. | (A2) |
| 4. | All threesomes dance the Hey for three | (B2) |

At the end of the Hey the boy moves on anti-clockwise to meet the two girls in front and to repeat the dance with them.

© CDWC

## 31  BENTHYG DWY

One boy with a girl on each side facing a similar threesome.

| | | |
|---|---|---|
| 1. | Forward and Back. Repeat. | (A) |
| 2. | The boy Arms right (or Swings) the other boy's right hand partner and then left with the other boy's left hand partner. | (B) |
| 3. | Hey for three with the other boy's two girls but finishing back in place between his own partners. | (A) |
| 4. | The threesomes dance Forward and Back and Forward to progress, veering to the right to pass, and then face a new threesome. | (B) |

Repeat the dance with them.

© CDWC

## 32  DAWNS Y PONTYDD

One boy with a girl on each side facing a similar threesome.

| | | |
|---|---|---|
| 1. | The six form a circle and dance to the left and then to the right. | (A1) |
| 2. | The boy and the girl on his right make an arch (inside hands) and dance anti-clockwise going | (A2) |

over the two left hand girls (they kneel, or give a curtsey as the arch passes overhead). The two boys may hold left hands to keep the two arches in a straight line.

| | | |
|---|---|---|
| 3. | Repeat (clockwise) with the left hand girl over the other two. | (B1) |
| 4. | The threesome dance Forward and Back and Forward to progress, veering right to pass, and then face a new threesome. | (B2) |

Repeat the dance with them.

© CDWC

## 33  HEN LANOFER

One boy with a girl on each side facing a similar threesome.

| | | |
|---|---|---|
| 1. | The six form a circle and dance to the left and right. | (A1) |
| 2. | Each threesome dance the Hey for three. | (A2) |
| 3. | The boy and the girl on his right make an arch (inside hands) and dance anti-clockwise over the two left hand girls (see 'Dawns y Pontydd') | (B1) |
| 4. | Repeat (clockwise) with the left hand girl over the other two. | (B2) |
| 5. | The threesomes dance Forward and Back and Forward to progress, veering right to pass and then face a new threesome. | (C) |

Repeat the dance with them.

© CDWC

## 34  MIGLDI MAGLDI

Partners face each other in a double circle. The girls face the centre of the circle.

| | | |
|---|---|---|
| 1. | Partners walk away from each other, backwards 4 steps—stamp on the right foot, then the left foot—and then clap own hands three times. (stamp-stamp- clap-clap.clap). Walk to meet (4 steps) and stamp and clap as before. | (A1-8) |
| 2. | Partners Arm right and left. | (A9-16) |

Repeat the dance—but the boy from now on comes back from the middle progressing one place to the girl on the left of his previous partner. (He moves to his right)

© CDWC

## 35  HYD Y FRWYNEN

Partners face each other in a double circle. The girls face the centre of the circle.

1.  Partners dance the Back to Back (A1-8) passing right shoulders, then Back to Back passing left shoulders.

2.  Partners (give right hands) walk (A9-16) anti-clockwise 4 steps, then Right Hand turn 4 steps, then Left Hand turn (4 steps) and then the girl walks on (anti-clockwise) 4 steps to meet the next boy (boys stay still)

Repeat the dance with this new partner.

© CDWC


## 36  HWYAID ABERGWAUN

Partners face each other in a double circle. The girls face the centre of the circle, Form sets of four (two couples)

1.  Right and Left hand Star. (A1-8)
2.  (This movement starts anti- (A9-10) clockwise) Partners holding both hands Step-Over-Slip-Slip (see below)
    Repeat clockwise (A11-12)
    Repeat anti-clockwise (A13-14)
    The couple that faced clockwise (A15-16) in the Star make an arch and move clockwise whilst the other couple move anti-clockwise under the arch. Both couples will

    now meet a new couple to repeat the dance with them.

Here is the movement in No 2. (Girls do similarly but start with a step to their right so as to move with their partner.)

Step = (Boy) Step to the left with the left foot.
Over = Cross the right foot in front and over the left foot.
Slip = Step to the left with the left foot and slip the right foot up to it at the same time.
Slip = Same again.

Repeat clockwise starting with the right foot (girls— left foot) etc.

© EFDSS "Belfast Duck" (CDMC) (Devised by D Kennedy)


## 37  ROBIN DDIOG

Couple facing couple, boy with his partner on his right. One couple face clockwise (1st Couple) and the other face anti-clockwise (2nd Couple)

1.  Right and Left Hand Star. (A1-8)
2.  First couple make an arch and (A9-14) walk 4 steps clockwise whilst the 2nd couple move 4 steps anti-clockwise under the arch. Then turn to face and repeat this time the 2nd couple making the arch. Turn to face again and repeat with the 1st couple making the arch and the 2nd couple going under and this third time keep moving forward to meet a new couple ready to repeat the dance with them.
    (Note: the Arch moves clockwise every time and those going under the arch move anti-clockwise; Two bars (4 steps) for each movement.)

© CDWC (Devised by Lois Blake)


## 38  MOEL YR WYDDFA

Couple facing couple. Boy with his partner on his right.

1.  Right and Left Hand Star. (A1)
2.  Boy Arms right and left with the (A2) other boy's partner.
3.  Ladies' Chain: (Girls give right (B1-4) hand to each other and change places—give left hand to the boy (not their partner) and he with his right hand around her waist, turns her round once so that she stands on his right hand side— the boy in doing this turns on the spot.)
    Girls give right hand again and (B5-8) change places, give left hand to their partner who turns them round to their original places.
4.  Couples dance Forward and (B9-16) Back and Forward to progress, veering right to pass the other couple and to come face to face with a new couple.

Repeat the dance with them.

© EFDSS "Washington Quickstep" (CDM2)

97

## 39 DAWNS ESGOB BANGOR

Couple facing couple. Boy with his partner on his right.

| | | |
|---|---|---|
| 1. | Circle (of 4's) to the left (4 steps) and all turn single. Circle to the right and all turn single. | (A) |
| 2. | Ladies' Chain. (see No 38 "Moel yr Wyddfa") | (B1) |
| 3. | Couples dance Forward and Back and Forward to progress, veering to pass the other couple and to come face to face with a new couple. | (B2) |

Repeat the dance with them.

© CDWC

## 40 DAWNS TALGARREG

Partners face anti-clockwise in a double circle around the room.

| | | |
|---|---|---|
| 1. | Dance Forward—turn—and back to place. | (A1) |
| 2. | Partners Set and change places. Repeat to place. | (A2) |
| 3. | Arm right with the partner, then the boy moves on anti-Clockwise to Arm left with the next girl, (the girl to the right of his first partner). | (B1) |
| 4. | Polka (or Promenade) anti-clockwise with this new partner. | (B2) |

Repeat the dance with this new partner.

© CDWC

## 41 FFANIGLEN

A dance for two (no progression). Boy holds the girl's left hand in his right, standing side by side facing anti-clockwise.

| | | |
|---|---|---|
| 1. | Partners Set outwards (sideways, away from each other), Set inwards to place, and then walk forward 3 steps and turn to face clockwise, changing hand. Repeat the sideways setting and walk forwards (clockwise). | (A1) |
| 2. | Arm Right and Left. | (A2) |
| 3. | Clap 'Meillionen' twice. | (B1-8) |
| 4. | Swing on the spot (or Polka around the room). | (B9-16) |

Repeat the dance.

© CDWC (Devised by Gwyn Bangor)

## 42 FFARWEL I'R MARIAN

Dance for two. (No progression)

| | | |
|---|---|---|
| 1. | Partners face and hold both hands. Move 4 slip steps anti-clockwise. Boy kicks his left foot forward, and then his right foot (the girl does the opposite) and then both turn single on the spot. | (A1) |
| 2. | Repeat. | (A2) |
| 3. | (Still holding both hands) One waltz step to meet, and one away from each other, then two waltz steps to change sides. Repeat to original place. | (B1-8) |
| 4. | Waltz to the end of the music. | (B9-16) |

Repeat the dance.

© CDWC (Devised by Gwyn Bangor)

## 43 Y GORDONIAID LLON

Dance for two. (No progression)
Couples face anti-clockwise, holding both hands (right to right and left to left)

| | | |
|---|---|---|
| 1. | Walk forward 4 steps, turn to face the other way (without dropping hands) but keep on walking backwards (anti-clockwise) 4 steps. Repeat starting clockwise. | (A) |
| 2. | Boy walks forward anti-clockwise (drop left hands) the girl turns under his right arm as she walks with him 8 steps, then both gallop (8 steps) or polka (4 steps) forward anti-clockwise. | (B) |

Repeat the dance.

© Novello (Gay Gordons)

## 44 DAWNS NOS SADWRN

Square set for four couples.

| | | |
|---|---|---|
| 1. | Couple 1 Promenade anti-clockwise around the set and back to place. | (A1-8) |
| 2. | Couple 1 and 3 Right and Left Hand Star. | (A9-16) |
| 3. | All circle to the left. | (A1-8) |
| 4. | All swing partners. | (A9-16) |

Repeat with the 2nd couple dancing No.1 and couple 2 and 4 dancing No.2—and so on.

© CDWC

## 45 TROS Y MYNYDD

Square set for four couples.

1. Couple 1 separates—boy dances clockwise and the girl anticlockwise around the set and back to place (the boy keeps on the outside when passing his partner)   (A1-8)
2. Couple 1 and 3 Right and Left Hand Star.   (A9-16)
3. All Back to Back with partner (passing right shoulders) and Swing.   (B1-8)
4. All Promenade.   (B9-16)

Repeat the dance. (Couple No 2 dance No.1 and couple 2 and 4 dance No.2. Third time couple No 3; fourth time = couple No 4; fifth time = couple 1+3; sixth time = couple 2+4)

ⓒ CDWC

## 46 RHOSYN YR WYDDFA

Square set for four couples.

1. Couple 1 promenade anti-clockwise around the set.   (A1)
2. Couple 1 clap 'Meillionen' twice in the middle whilst the others circle to the left (clockwise) around them.   (A2)
3. All swing partners.   (B1-8)
4. All Promenade.   (B9-16)

Repeat the dance with the 2nd couple dancing No 1 and so on.

ⓒ CDWC

## 47 Y GELYNEN

Square set for for couples.

1. Circle to the left (clockwise)   (A1)
2. Boy Arms right with his partner and then left with the girl on his left.   (B1)
3. Boys 1+3 with two girls each (their partner and the girl on their left) dance Forward and Back and then circle to the left.   (A2)
4. Arming like No 2.   (B2)
5. Boys 2+4 with two girls each dance Forward and Back and then circle to the left.   (A3)
6. Arming like No 2.   (B3)
7. Girls dance Forward and Back then boys dance Forward and   (A4)

Back.

8. All promenade their partners.   (B4)

Repeat the dance as necessary.

ⓒ CDWC (Devised by Lois Blake)

## 48 LLANCESI TREFALDWYN

Square set for four couples.

1. 1st girl dances clockwise around the set, returning to place. All others clap.   (A1)
2. Boys Back to Back with their partners then Back to Back with the girl on their left (e.g. Boy 1 - Girl 4)   (A2)
3. All Swing partners.   (B1-8)
4. All promenade anti-clockwise.   (B9-16)

Repeat the dance—this time 2nd girl dances No 1 and so on.

ⓒ EFDSS "Buffalo Girl" (Dancing for Fun 3)

## 49 MEILLIONEN SGWÂR

Square set for four couples.

1. Couple 1+3 dance Forward and Back.   (A1-4)
   Couple 2+4 dance Forward and Back.   (A5-8)
2. The 4 boys slip sidways out of the square and return whilst the girls slip to the centre and out (all lead with the right shoulder)—then the couples clap "Meillionen" once.   (B)
3. Boys dance on anti-clockwise to the next girl 4 steps passing partners by the right shoulders (B1 - G2) Turn both hands 4 steps once clockwise and then clap "Meillionen" once.   (A)
4. Boys on again to the next girl 4 steps (B1 - G3)—turn both hands and clap with her.   (B)
5. Boys on again to the next girl (B1 - G4) Turn and clap as before.   (A)
6. Boy on to meet his partner—turn and clap with her.   (B)

Repeat the dance.

ⓒ CDWC

## 50 DAWNS DROELLI
Square dance for four couples.

1. 1st girl dances clockwise around the square and back to place. (Others clap) (A1)
2. All swing partners. (B1)
3. 1st girl leads 2nd girl around the square clockwise and back to place. (A2)
4. All swing partners. (B2)
5. 1st girl leads 2nd and 3rd girls around the square and back to place. (A3)
6. All swing partners. (B3)
7. 1st girl leads 2nd, 3rd and 4th girls around the square and to place. (A4)
8. All swing partners. (B4)
9. All promenade partners anti-clockwise. (A5)
10. All swing partners. (B5)

Repeat the dance with the 1st boy leading.

© CDWC

## 51 TRWY'R BWLCH
Square set for four couples.

1. 1st couple separate, the boy dances clockwise and the girl anti-clockwise around the square to meet behind the 3rd couple, 1st couple hold both hands (or waltz hold) and gallop through the gap between the 3rd couple and back to place. (A1)
2. All swing partners. (A2)
3. Couple 1+3 change places (Couple 3 make an arch and couple 1 dance under it). Repeat back to place (1st couple making the arch and the 3rd couple under it) (B1)
4. All promenade anti-clockwise. (B2)

Repeat the dance with the 2nd couple galloping between the 4th couple and making arches with them etc.

© CDWC

## 52 LAWR Y CANOL
Square set for four couples.

1. 1st couple dance down between the 3rd couple, separate, the boy dancing to the left and the girl to the right (clockwise) and to place. (A1)
2. All circle left and right. (B1)
3. All Arm right and left with partner. (A2)
4. All Back to Back (passing right) and Swing partner. (B2)

Repeat the dance with the 2nd couple dancing down between the 4th couple and so on.

© CDWC

## 53 DAWNS SEREN DDWBL
Square set for four couples.

1. All circle left and right. (A1)
2. Girls dance Forward and Back. Boys dance Forward—stay and form a Right Hand Star. (B1)
3. Boys Right Hand Star and Left Hand Star whilst the girls dance on the spot. (C1)
4. At the end of the Left Hand Star (without dropping hands) each boy passes his partner and placing his right arm around the next girl's waist (B1 - G2)—she places her left arm around his waist—the eight dance a Left Hand Star, then the boys drop hands (but still holding on to the girls) turn to face clockwise, turning the girls to the middle and they form a Right Hand Star. The eight dance a Right Hand Star to place. (A2)
5. All swing this new partner. (B2)
6. All promenade this partner anti-clockwise. (C2)

Repeat the dance three times again to be back with original partner.

© CDWC

## 54 CLAWDD OFFA

Square set for four couples.

1. All Forward and Back and Back to Back (right shoulders) with partner. (A1)
2. Repeat. (A2)
3. 1st couple change places (pass right shoulders), the boy dances behind the 2nd couple, then inside the square between the 2nd couple (the girl between the 4th) dance out between the next two (the boy between G2 - B3; the girl between B4 - G3) and the 1st couple meet behind the 3rd couple and dance between them to place. (B1)
4. All circle left and right. (B2)
5. 1st couple dance the Figure of Eight between the third couple. (C1)
6. All swing partners (or Promenade) (C2)

Repeat the dance with the 2nd couple dancing No 3 and then No 5 between the 4th couple—and so on.

© CDWC (Devised by Gwyn Bangor)

## 55 LA RUSSE

Square dance for four couples.

1. Boys dance on behind their partners to meet the next girl (B1 - G2) Set and Swing. (A1)
2. Boys back to their partners—Set and Swing. (A2)
3. 1st couple only swing (others clap). (B1-8)
4. 1st couple, keeping inside the square, visit the other three couples in turn and return to their place. (B9-16)
5. Couples 1+3 change places (1st couple make an arch). Repeat to place (3rd couple make the arch) (A1)
6. Repeat of No 5. (A2)
7. All circle left. (B1-8)
8. All promenade anti-clockwise. (B9-16)

Repeat the dance with the 2nd couple dancing No 3+4 and 2nd and 4th couples dancing No 5+6. Then 3rd couple's turn etc.

© EFDSS "La Russe" (CDM1)

# FIGURES

## Arming
Usually 8 steps clockwise and 8 steps anti-clockwise.

## Gallop
Holding both hands (or waltz hold) 4 or 8 lively slip steps forward or back as instructed.

## Back to Back
Partners face and walk forward 4 steps passing by the right then 4 steps backwards passing by the left—facing the same way throughout the figure.

## Clap right and left
Clap own hands, clap partner's right hand with the right hand, clap own hands, clap partner's left hand with the left hand (say: clap-right, clap-left, = 4 beats = 2 bars)

## Clap Meillionen
Face partner. Clap own hands and clap partner's right hand, clap own hands and clap partner's left hand, clap own hands and cross both arms on the chest, then clap both partner's hands and hold for a beat (8 beats altogether = 4 bars)

## Set
Face partner. Step to the right with the right foot, bring the left foot up to it and with a little hop change the weight of the body on to the right foot (2 beats); then step to the left with the left foot, bring the right foot up to it and with a little hop change the weight of the body to the left foot (2 beats) Say: step, two-three; step, two-three.

## Figure of Eight
One couple dancing around another couple who stay still e.g. First couple Figure of eight around 2nd couple = 1st girl dances between the 2nd couple, then around the 2nd boy, back through the middle and around the 2nd girl. At the same time the 1st boy does the opposite (around the 2nd girl then the 2nd boy). Usually 1st couple finish in place or swing down as instructed. (Usually 16 beats = 8 bars)

## Forward and Back
4/8 walking steps forward and 4/8 walking steps backwards = 4 bars or 8 bars.

## Promenade
Always anti-clockwise with the boy on the inside of the circle and the girl on the boy's right. Usually 16 beats = 8 bars.

## Star
Two boys and two girls (sometimes 4 boys and 4 girls) face each other all holding right hands (4 hands held). Right Hand Star = 8 steps clockwise then change to Left Hand Star = 8 steps anti-clockwise back to place.

## Hand Turn
Hold each other's hand—right or left as instructed—usually dance 8 steps clockwise then 8 steps holding left hands moving anti-clockwise to place.

## Two hand turn
(or Turn Both Hands) Holding both partner's hands—right to left and left to right dance 8 steps clockwise or as instructed.

## Swing
a) Skipping. The girl crosses her arms giving right hand to boy's right and left to boy's left, both skip around in a close circle clockwise.
b) There are other waltz hold versions for more proficient dancers.

## Cast Out and Arch
The couple at the head of the double row separate, the girl leads the girls clockwise to the bottom of the set, while the boy leads the boys anti-clockwise at the same time. The 1st couple meet on the last couple's spot and make an Arch by holding both hands, the others meet their partners and holding inside hands dance under the arch to progress one place.

## Turn Single
Turn on the spot right or left as instructed usually 4 steps.

## Square Set
Four couples with each couple forming the wall of a square, boy with his partner on his right. 1st couple usually with their backs to the audience, the 2nd couple is to the right of them, the 3rd couple opposite and the 4th couple to their left.

## Hey for Three
The threesome dance a figure of eight movement. Boy starts by passing his right hand girl by the right, she then passes left with the left hand girl, the boy now passes right with the left hand girl and then left with the right hand girl who then passes right with the left hand girl, she passes left with the boy and all are now in their original places.

## Under and Over (Dip and Dive)
1st couple are at the bottom of the set = 2341, all holding inside hands Couple 1 + 3 face the top of the set and couples 2 + 4 face the bottom. Start with the odd numbered couples going under the arch made by the even numbered (1 under 4; and 3 under 2) then reverse (1 over 2 whilst 3 and 4 turn at the top and the bottom) etc.
1st couple go under-over-under-turn-over-under-over-turn = 8 movements of 4 steps each = 32 beats = 16 bars.

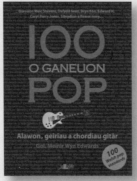

Rydym yn cyhoeddi nifer fawr o lyfrau cerddorol a chyffredinol. Am restr gyflawn, hwyliwch i mewn i'n gwefan

## www.ylolfa.com

lle gallwch bori ac archebu ar-lein neu lawlwytho catalog papur. Mae ein llyfrau hefyd ar gael yn eich siop Gymraeg leol.

*We publish a large number of musical and books of general Welsh interest. For a full list, simply surf into our website*

## *www.ylolfa.com*

*where you may search and order on-line, or download a paper catalogue. Our books are also available in your local Welsh bookshop.*

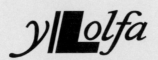